西北大学"双一流"建设项目资助

Sponsored by First-class Universities and
Academic Programs of Northwest University

中国思想史研究

2023 年第 1 辑

（总第 10 辑）

谢阳举 主编

中国社会科学出版社

图书在版编目（CIP）数据

中国思想史研究.2023年.第1辑/谢阳举主编.—北京：中国社会
科学出版社，2023.11
　　ISBN 978 - 7 - 5227 - 2784 - 4

　　Ⅰ.①中…　Ⅱ.①谢…　Ⅲ.①思想史—中国—文集　Ⅳ.①B2 - 53

中国国家版本馆 CIP 数据核字（2023）第 235649 号

出 版 人　赵剑英
责任编辑　安　芳
责任校对　张爱华
责任印制　李寡寡

出　　　版　中国社会科学出版社
社　　　址　北京鼓楼西大街甲 158 号
邮　　　编　100720
网　　　址　http://www.csspw.cn
发 行 部　010 - 84083685
门 市 部　010 - 84029450
经　　　销　新华书店及其他书店

印　　　刷　北京君升印刷有限公司
装　　　订　廊坊市广阳区广增装订厂
版　　　次　2023 年 11 月第 1 版
印　　　次　2023 年 11 月第 1 次印刷

开　　　本　710 × 1000　1/16
印　　　张　11.75
字　　　数　191 千字
定　　　价　68.00 元

《中国思想史研究》编辑委员会

目　录

先秦思想史专栏

宋明理学专栏

近现代思想史专栏

先秦思想史专栏

材朴趋恶之人何以成圣？

——论荀子"积善成德"思想的逻辑展开

卫 怡

（西北大学中国思想文化研究所）

摘 要： 历代学者对荀子的批判，其中的一个关键是对荀子道德修养论的质疑。然荀子之学，自成一体，如果从荀学内部来说，这一批判并不成立。荀子关于道德修养的思考集中体现在"积善成德"的命题中。从逻辑上来看，荀子的"积善成德"思想依次展开为三个层次的论述，分别是"性者，本始材朴也""善者，伪也"和"积善成德，而神明自得，圣心备焉"。这三个层次，前后相续，包含着荀子对道德动机、道德自觉与自愿、道德主体的确立等问题的系统思考，它们共同回答了材朴趋恶之人何以成圣的问题，并从理论上驳斥了历代学者对荀子道德修养论的质疑。从修养模式上来看，荀子的"积善成德"思想属于中国哲学修养论中的"成性说"，后世"积习成性"之言盖皆渊源于此。

关键词： 荀子；材朴趋恶；化性起伪；积善成德；成性说

儒学历来重视人的德性修养和对成人之道的探索。春秋末期，孔子提出"为仁由己"（《论语·颜渊》）、"克己复礼"（《论语·颜渊》）等修养方法，至战国时期，孟子和荀子根据对人性的不同理解，分别提出各具特色的修养论与成人之道。唐宋以降，孟子被奉为儒学正统，受到历代儒者的尊崇，荀子则被排斥在儒学正统之外，不断遭到学者，特别是理学家的批判。

从历史上来看，荀子素以"性恶"论著称，但"性恶"之人如何能够向善，并主动进行道德修养？这一问题在荀子思想中首当其冲。古今学者对荀子的批判，亦多由此展开，如程颐说："荀子极偏颇，只一句性恶，大本已失。"① 朱熹说："不须理会荀卿，且理会孟子性善。"② 王阳明说："荀子从流弊说性，工夫只在末流上救正。"③ 这种批判一直延续到现代新儒家那里，其中尤以牟宗三的批判最具代表性，其言："仁与义非外在者……孟子即由此而言仁义内在，因而言性善。荀子于此不能深切把握也。故大本不立矣。大本不立，遂转而言师法，言积习。其所隆之礼义系于师法，成于积习，而非性分中之所具，故性与天全成被治之形下的自然的天与性，而礼义亦成空头的无安顿的外在物。"④ 总结起来，上述质疑可以分为以下几个问题：第一，性恶之人为何会向善？第二，道德修养是否全为外在师法之化？第三，"化性起伪"是否只是"治标不治本"的无力之举？第四，道德主体能否确立？客观地说，这些质疑并非无的放矢，而是正好切中荀子思想之肯綮。如果不能从理论上回应这些质疑，那么荀子之学势必继续遭到误解，而无法发挥出其应有的价值。

通过对荀子"积善成德"思想的考察⑤，笔者认为，荀子之学，自成一体，理学家与现代新儒家主要是站在孟学的立场上批判荀子，从荀学内部来说，这些批判并不成立。本文认为，荀子的"积善成德"思想从逻辑上依次展开为三个层次的论述，分别是"性者，本始材朴也""善者，伪也"和"积善成德，而神明自得，圣心备焉"。这三个层次，前后相续，包含着荀子对道德动机、道德自觉与自愿、道德主体的确立等问题的系统思考，它们共同回答了材朴趋恶之人何以成圣的问题。从修养

---

① （宋）程颐、程颢著，王孝鱼点校：《二程集》，中华书局 1981 年版，第 262 页。
② 黎靖德编，王星贤点校：《朱子语类》第 74 卷，中华书局 2018 年版，第 3254 页。
③ （明）王守仁著，吴光等编校：《王阳明全集》，上海古籍出版社 1992 年版，第 115 页。
④ 牟宗三：《名家与荀子》，吉林出版集团有限责任公司 2016 年版，第 132 页。
⑤ 有关荀子"积善成德"思想的研究可参见卫建国《探寻"积"的伦理学意蕴——荀子论道德之"积"》，《伦理学研究》2012 年第 5 期；王楷《积善成德：荀子道德哲学的理性主义进路及其当代启示——一种德性伦理学的视角》，《北京师范大学学报》（社会科学版）2012 年第 6 期。

模式上来看，荀子的"积善成德"思想与"复性说"不同，属于中国哲学修养论中的"成性说"，后世"积习成性"之言大抵皆受到荀子思想的影响。以下详细论之。

一 "性者，本始材朴也"

荀子的道德修养论以对人性的客观考察为基础。关于"性"，荀子在《正名》篇专门做了定义："生之所以然者谓之性；性之和所生，精合感应，不事而自然谓之性。"学者们对此有不同理解，对于第一义的性，杨倞注曰："人生善恶，故有必然之理，是所受于天之性也。"对于第二义的性，其言："人之性，和气所生，精合感应，不使而自然。言其天性如此。"[①] 安积信认为："生之所以然者，是就其初而言。性之和所生，是就其后而言。虽均谓之性，亦有先后之别。"[②] 钟泰认为："上所言是性之体也，此所言是性之用也。用生于体，故曰性之和所生。"（《荀子校释》，第885页）杨倞注未能揭示出"性"的两层定义间的区别。安积信与钟泰注意到"性"的两层定义间的区别，但以先后、体用言说，虽近之，而未及其质。实际上，第一义的性指作为存在之根据的先天本性；第二义的性指本性和谐，精神与外物接触，相互感应，自然表现出来的反应。第一义突出了性的先天性和本然性，第二义则突出了主体与外界之接触及先天本性所显现的内容。可见，第二义的性以第一义的性为根据，是第一义的性之具体表现。从存在来说，第一义的性决定第二义的性。因此，第一义的性更为根本，这是荀子从概念与逻辑上对"性"的一个重要认识。

荀子认为人性虽然是先天产生的，但可凭借后天作用发生转化。关于"性"，他又说："凡性者，天之就也，不可学，不可事。……不可学，不可事，而在人者，谓之性。"（《性恶》）此处的"性"是统而言之，"天之就"表明性的形成是天然如此，非人之意愿所能决定，这就从来源上阻断了人力的作用，所以说"不可学，不可事"。但这只是从先天来源上否定了人之作用，并不否定性已成之后，在后天被改变。荀子认为，

---

① 王先谦撰，沈啸寰、王星贤点校：《荀子集解》，中华书局2020年版，第487页。
② 转引自王天海《荀子校释》，上海古籍出版社2005年版，第885页。

"性"的一个重要特点是"可化"，其言："性也者，吾所不能为也，然而可化也。"（《儒效》）"不能为"即上述之"不可学，不可事"，"可化"则是说"性"在既成之后，并非固定不变，而是可以发生转化。至于转化成什么样，则依赖于后天作用，即"积伪"，荀子说："人积耨耕而为农夫，积斫削而为工匠，积反货而为商贾，积礼义而为君子。工匠之子，莫不继事，而都国之民安习其服，居楚而楚，居越而越，居夏而夏，是非天性也，积靡使然也。故人知谨注错，慎习俗，大积靡，则为君子矣。纵情性而不足问学，则为小人矣"（《儒效》），又说："汤武存，则天下从而治，桀纣存，则天下从而乱。如是者，岂非人之情，固可与如此，可与如彼也哉！"（《儒效》）农夫、工匠、商贾，君子、小人，并非天性所定，而是完全取决于后天成长。"可与如此，可以如彼"进一步说明了"性"的可塑造性。这就否定了先验的人性论，把人性理解为后天不断成长、变化的过程，表现出不同于孟子的修养模式。

以上主要是从荀子对"性"的形式定义和"性"的特点所做的分析，下面再依荀子对人性的论述，从内容上做一分析。根据荀子对性、情、欲关系的说明可知，情、欲为性之逐层展开，其言："性者，天之就也；情者，性之质也；欲者，情之应也。"（《正名》）"情"为"性"的具体表现，对应上述第二义的"性"，"欲"又是"情"的反应。由此可知，荀子是以情言性，又以欲言情，实际上为观察人性提供了一条线索：人之性是什么样，并不能直接了解，但可以通过观察性之表现，即情，来间接了解性。而了解情又可以通过了解欲来实现，欲最终表现为现实的行为举止。这样，通过观察人的现实行为就可以大概了解人性。荀子正是以此为方法来观察人性的，其人性论即建立在这种观察之上。①

根据上述分析，"性"最直接的表现是情和欲，它包含多个层面，如情感："性之好、恶、喜、怒、哀、乐谓之情。"（《正名》）在人的诸情感中，荀子着重论述了两种具有特别意义的情，一为"爱亲之情"，其言："凡生天地之间者，有血气之属必有知，有知之属莫不爱其类。……故有血气之属莫知于人，故人之于其亲也，至死无穷。"（《礼论》）荀子承认有

---

① 本文无意于提出一种新的关于荀子人性论的观点，但需要提醒的是，对荀子人性论的研究应当沿着荀子本人所确立的研究方法与观察视角，否则很容易偏离荀子而流于自说自话。

血气之属皆有知，都知道爱其类，而人之爱亲为甚。二是乐，"夫乐者，乐也，人情之所必不免也。"（《乐论》）前者即"好"之情，后者即"乐"之情。有学者认为这里的情是一种道德情感，属于"仁性的范畴"，以此说明荀子的人性中也含有类似孟子的"善端"。① 这种说法如以孟子的视角观之，确乎可以称之为"善端"。但在荀子那里显然并不妥当。诚如黄百锐、何艾克等人所言，"作为一个天生的冲动性的情感，这个情感不能被称为道德情感"②，"即使荀子承认人天生爱其父母，这也不能构成他有美德的趋向，因为只有在适当的形式下才能产生美德，且没有任何天性会这样做"③。即人的这种情感并不会自然趋向一种道德之善。因此，这种情感同喜、怒之情一样，仍然属于自然情感。不过，上述自然情感确实可以在后天被发展为道德情感。按照荀子的说法，礼乐正是建构在人的这种自然情感之上的，其一方面为后天礼乐建构提供人性基础，另一方面又被建构起来的礼乐所规训，所谓"称情而立文"（《礼论》）、"以伪饰性"（《正论》）。这是荀子道德修养论的一个重要关节。

情除了表现为各种情感以外，还可以表现为欲望，如本能欲望："饥而欲食，寒而欲暖，劳而欲息"（《荣辱》）、"好荣恶辱，好利恶害"（《荣辱》）；衣食之欲："人之情，食欲有刍豢，衣欲有文绣，行欲有舆马，又欲夫余财蓄积之富也"（《荣辱》）；权力、荣誉之欲："夫贵为天子，富有天下，名为圣王，兼制人，人莫得而制也，是人情之所同欲也……名声若日月，功绩如天地，天下之人应之如景向，是又人情之所同欲也。"（《王霸》）无论是人的自然情感还是作为本能的欲望或更为复杂的衣食、权力、荣誉欲望，都可以归结为"情"，它是人性中具有驱动力的因素，是人之行为动机的来源。而从荀子的论述中可以发现，人性中还包含一类因素，即各种能力，简称"能"。

荀子至少论述了三种能力，一是感官能力，如："目辨白黑美恶，耳

① 参见梁涛《荀子人性论的中期发展——论〈礼论〉〈正名〉〈性恶〉的性—伪说》，《学术月刊》2017年第4期。

② ［美］黄百锐：《荀子的道德动机观》，陈光连译，［美］克莱恩、艾文贺编：《荀子思想中的德性、人性与道德主体》，东南大学出版社2016年版，第139页。

③ ［美］何艾克：《荀子有一致的人性论吗?》，陈光连译，［美］克莱恩、艾文贺编：《荀子思想中的德性、人性与道德主体》，东南大学出版社2016年版，第211—212页。

辨声音清浊，口辨酸咸甘苦，鼻辨芬芳腥臊，骨体肤理辨寒暑疾养"（《荣辱》）；二是认知能力，如："凡以知，人之性"（《解蔽》）、"人生而有知……心生而有知"（《解蔽》）；三是实践能力，如荀子言"可以能仁义法正之具"（《性恶》）。对前两种能力的理解，一般并无歧义，但对"可以能……之具"尚有不同说法。徐复观认为其指耳目等官能的能力、作用。① 路德斌认为指人之所以为人的"义"，是德性。② 更多的学者认为它就是指《正名》篇所说的"能之在人者谓之能"的"能"，"知"与"能"都是心所具有的能力。笔者认为，这里的"可以能……之具"是指人身而言，它是人的身体所具有的实践能力或条件③，不同于人的感官能力和认知能力，对应"心虑而能为之动"（《正名》）和"虑积焉，能习焉，而后成"（《正名》）中的"能"。"能之在人者谓之能"的"能"则是总括感官能力、认识能力、具身性的实践能力而言。

在这三种能力中，荀子着重论述了心所具有的认知能力，认为它具有思虑、主宰和抉择的功能，如其言："情然而心为之择谓之虑"（《正名》）、"心者，形之君也，而神明之主也，出令而无所受令……故曰：心容，其择也无禁，必自见"（《解蔽》）。相对于"情欲"之冲动、盲目来说，认知能力属于人性中的理性成分，它可以对所遇之"事"如实地进行分析、辩明，但它并不能为人的行为提供动机。因此，人性中的"情"和"能"总是相互配合而作用的。

从上述分析可以看出，"情"与"能"共同构成了人的存在基础，是人之存在所不可缺者。同时，基于上述对"性"之定义、特点与人性具体内容的客观考察，荀子认为人性中并不存在礼义辞让等德性，其言："今人之性，固无礼义"（《性恶》），"今是人之口腹，安知礼义？安知辞让？安知廉耻隅积？亦哺哺而嚼，乡乡而饱已矣"（《荣辱》）。人性中只有原初的情和能，并不存在礼义、辞让、廉耻等德性。其并以

---

① 参见徐复观《中国人性论史·先秦篇》，湖北人民出版社 2002 年版，第 218 页。

② 参见路德斌《化性起伪：儒家荀学派的工夫论及其取向》，《管子学刊》2020 年第 2 期。

③ 一般都将"可以能……之具"的"具"解为能力或才具，唯楼宇烈主编《荀子新注》解"具"为"条件"（楼宇烈主撰：《荀子新注》，中华书局 2018 年版，第 485 页）。笔者认为这正是由于注意到"可以能……之具"的具身性所做出的准确解释。不过，这里仍宽泛地将"可以能……之具"解释为实践能力。

"陶人埏埴"与"工人斫木"为喻："夫陶人埏埴而生瓦，然则瓦埴岂陶人之性也哉？工人斫木而生器，然则器木岂工人之性也哉？夫圣人之于礼义也，辟则陶埏而生之也。然则礼义积伪者，岂人之本性也哉！"（《性恶》）礼义如同瓦、器，是后天制造出来的，并不能因为人制造了瓦、器、礼义，就认为、瓦、器礼义出于人性。可见，对荀子来说，人性就如同原初的材料泥土和木材一般，自然天成，不具有礼义道德，但是可以予以治理和转化。荀子将这一对人性的理解概括为"性者，本始材朴也"（《礼论》）。

当然，这并不是荀子对人性的全部理解。荀子清醒地看到，情欲具有"欲多而不欲寡""不知足"和"不可去、不可尽，但可节、可近"等特点。《正论》篇，荀子反驳子宋子的人情"欲寡"说，提出"人之情为欲多而不欲寡"。《荣辱》篇说："然而穷年累世不知足，是人之情也。"《正名》篇说："故虽为守门，欲不可去，性之具也。虽为天子，欲不可尽。欲虽不可尽，可以近尽也。欲虽不可去，求可节也。"在不加干预的自然状态下，如果顺着人情的发展，必然导致"合于犯分乱理，而归于暴"（《性恶》）的局面。尊奉儒学传统的荀子，自然而然地跳出冷静、客观考察的立场，而以儒学道德之眼视之，由"性者，本始材朴也"（《礼论》）进一步得出"人之性恶"（《性恶》）的命题。这可以说是一种必然，正如曾暐杰所说："在自然场域中，情性欲望绝对是无善无恶的，可以说'性朴'的；但荀子作为儒家，其强调'礼'的究极性，必然是以'礼义'为判准去思考人性，而不能脱离礼义的脉络去思索'性'的特质。"① 如果说"性者，本始材朴也"是一种基于客观立场的事实陈述，那么"人之性恶"则是一种基于后果论的价值陈述。考察视角的不同决定了得出的结论亦是不同的，但这二者共同构成了荀子对人性的全部理解，笔者将它们概括为"材朴趋恶"。"材朴"实际上是就"材"之未分化状态而言其"朴"质。在传统人性论视域下，"朴"本身可善、可恶、可善恶混、可无善无恶，是一个有待充实的概念。孟子充实以"善"，告子充实以可善可恶，道家同样以"朴"论性，但充实以"虚静""自

---

① 参见曾暐杰《"性朴"即是"性恶"——儒家视域下的荀子人性论之衡定与重构》，《邯郸学院学报》2019 年第 4 期。

然"，近于无善无恶。而荀子倾向于认为人性趋恶，即充实以"恶"。由于"性恶论"这一受到历代批判的标签式说法，容易掩盖荀子对人性更为全面的理解，因此，本节以"性者，本始材朴也"指称"材朴趋恶"。此为荀子"积善成德"思想的第一层论述，也是其道德修养论的人性基础。

二 "善者，伪也"

荀子虽然认为人性不具有善性，而且在自然状态下会趋于恶。但他并不认为人应该顺从这种自然性，而是主张发挥人的能动性，通过后天之"伪"来创造善，此即"善者，伪也"（《性恶》），也是荀子"积善成德"思想的第二层论述。

关于"伪"，荀子在《正名》篇同样对其做了两层定义："心虑而能为之动谓之伪；虑积焉，能习焉，而后成谓之伪。"（《正名》）对于这两个定义，历代学者亦有许多解释，如杨倞注："伪，矫也。心有选择，能动而行之，则为矫拂其本性也。心虽能动，亦在积久习学，然后能矫其本性也。"（《荀子集解》，第 487 页）王天海注："能，人之本能。伪，人之作为。积思习能而后成，此乃人勉为所至。"（《荀子校释》，第 886 页）楼宇烈《荀子新注》译为："心考虑以后，人体官能照着去行动就叫作人为。……指后天努力的行为本身。思虑的长期积累、官能的反复运用，然后形成为一种言性的规范，叫做人为。……主要指经过后天人为的积累而形成的一种言行规范，如礼义法度等。"①杨倞注和王天海注皆过于简略，未能准确揭示出两个定义之间的关系。《荀子新注》颇得之，但有不准确的地方。根据上一节的分析，此处的"能"实指人的实践能力，它是身体的能动性与行为。王天海以"能"为"人之本能"，近之。《荀子新注》以"能"为人体官能，过于狭窄。笔者认为，这里第一义的伪是说心中思虑，然后付诸实践。第二义的伪是说心中思虑，付诸实践，并取得成就。梁涛认为"荀子的伪首先是指心之虑与心之能，是心之思虑与心之智能"。伪的第二层含义指"心之虑、心之能有所积、有所习而有成就者即

---

① 楼宇烈主撰：《荀子新注》，中华书局 2018 年版，第 447—448 页。

是伪。此伪显然是前一伪的结果，如果说第一义的伪是能伪的话，那么第二义的伪就是所伪"①。这一解释以对"能"的误解为前提，进而将"伪"全部看作"心"之作用，忽视了"伪"的定义中"习"字所体现的行为实践意涵。正如《荀子新注》所言，第一义的伪突出心中思虑和实践行为本身，第二义的伪则突出"伪"所取得的结果，即"有成"。但"有成"不仅指言行规范，还包括新的动机结构，这一点后文将会详述。

根据荀子对"伪"所作的两层定义可知，"伪"包括两个方面，一为心中思虑；二为行为实践。依"善者，伪也"，要使一个行为是善的，那么它需要在心中思虑和行为实践上皆指向善，前者是根据心知对"情""欲"的思虑、选择，并形成意志决断而欲善，后者则是根据决断的结果而采取实际行动。"欲善"即心中向善，可以分为两种情况：一为主体自动倾向善，犹如天性，这是一种纯粹的道德动机；二为主体本不欲善，但是经过心知的理性思考和意志斗争后，主动选择向善，从而做出道德行为。这种情况当然不如第一种纯粹，但也属于"善者，伪也"的范畴。根据荀子对人性的观察，人之本性不具有善性，所以人生下来后，在未经修养之前，不会自动倾向善。那么人之欲善只能是第二种情况，即主体经理性思考后，选择向善，然后做出善行。但这种情况是如何发生的呢？

这里我们根据荀子的论述从较为具体的善行出发，来分析向善的动机及善行是如何产生的。首先是"节"。荀子认为，人之情欲在自然状态下"欲多不欲寡"，"不知足""不可尽"。但人又会主动地节制自己的欲望。这是为何呢？荀子说："人之情，食欲有刍豢，衣欲有文绣，行欲有舆马，又欲夫余财蓄积之富也；然而穷年累世不知不足，是人之情也。今人之生也，方知畜鸡狗猪彘，又蓄牛羊，然而食不敢有酒肉；余刀布，有困窌，然而衣不敢有丝帛；约者有筐箧之藏，然而行不敢有舆马。是何也？非不欲也，几不长虑顾后，而恐无以继之故也。于是又节用御欲，收敛蓄藏以继之也。是于己长虑顾后，几不甚善矣哉！"（《荣辱》）在荀子看来，人情累世而不知不足，但却会节制自身欲望，这并非因为他们没

---

① 梁涛：《〈荀子·性恶〉篇"伪"的多重含义及特殊表达——兼论荀子"圣凡差异说"与"人性平等说"的矛盾》，《中国哲学史》2019年第6期。

有锦衣玉食之欲，而是如果不顾及未来，做长远打算，日子将难以为继。原来，作为"甚善"的"节"是出于自身长远利益考虑，不得已而为之。

其次是"礼""义"。荀子在论述"礼"的产生时说："礼起于何也？曰：人生而有欲，欲而不得，则不能无求。求而无度量分界，则不能不争；争则乱，乱则穷。先王恶其乱也，故制礼义以分之，以养人之欲，给人之求。使欲必不穷于物，物必不屈于欲。两者相持而长，是礼之所起也。"（《礼论》）又言："人生不能无群，群而无分则争，争则乱，乱则离，离则弱，弱则不能胜物；故宫室不可得而居也，不可少顷舍礼义之谓也。"（《王制》）荀子非常高明地指出了人类生存的两个重要特征，一是人生而有欲，这是一种先天必然性；二是人要生存就不能不组成一个群体，这是后天存在之必要性。这两者对人的生存来说都是至关重要的，否定前者，人将不能存在；否定后者，人的存在将受到巨大的威胁。但是，前者的存在隐含着对后者的分裂。人既然有欲望，必然会向外寻求以满足自身的欲望。但在一个财物匮乏的群体中，当人们都按照自己的需要去寻求欲望的满足时，群体内部成员之间必然爆发冲突而导致群体的分裂，而分裂将会使群体成员处于独自面对生存困境的局面，从而威胁自身的存在。如何既满足群体成员各自的需要，又不因其相互之间的需求冲突导致群体的分裂，就成为这个群体的领导者所必须解决的问题。荀子认为，礼义就是在这种情况下由作为群体的领导者的先王（圣人）制定出来的。礼义规定了社会群体内部不同成员的社会地位、关系、等级，决定了群体内部成员的利益分配模式，从而形成一种相对稳定的社会秩序，解决了上述矛盾和隐患。也就是说，"礼""义"这些善行是出于为整个群体的长远利益考虑而创造出来的。

可见，无论是个人的善行还是公共道德礼义，向善动机和善行的最初形成皆是出于对生存困境的思考。[①] 这种向善的动机和善行之所以不够纯粹是因为夹杂着利己的动机。但不可否认的是，自我修养却正是由此开始的。黄百锐说："对荀子来说，向善的欲望和责任感并不是人性中原

---

① 库蒂斯·哈根将审慎的思考作为道德动机最初形成的原因，见［美］库蒂斯·哈根《荀子与审慎之道：作为动机的欲成为善》，秦际明译，《国学学刊》2018 年第 1 期。

来就有的，而是从利己主义的深思熟虑中演变过来的。在经过长期拥有的利己主义倾向之后，我们开始逐渐意识到缺乏一种性格，从而我们就慢慢转化。"① "善"既然不是内在地蕴含于人性之中，那么它只能在后天出于某种目的而创造。这一目的当然不可能直接指向善，其不纯粹性亦属必然。但也正是这种利己的动机促使人走向欲善、行善的道路。

"善"和"伪"的形成可以说是后天的，但却与先天人性有关。根据上述对"伪"的分析可知，"伪"的产生以人性中的"知"与"能"为基础的。倘若人根本就没有"知""能"，那么，"伪"就完全不可能产生。从这个意义上可以说，"善"与"伪"的形成与先天人性有密切关系，但并不能因此将"善伪"归于"性"，以先天视之，如冯耀明即以上述论述为基础，主张"伪"亦具有"内在性"与"本有性"，并将"伪"归为"性"。这一点已有多位学者做过反驳，如廖晓炜认为，荀子之"伪"是以"反思性的自我意识"为前提的，不同于生来如此，自然而然的人性活动。② 路德斌、陈光连、东方朔则从分析荀子所言"人之所以为人"出发，区分荀子的人性观与人观，认为荀子之人性固不具有"义""辩"，但人却包含"义""辩"。最后得出"'义'和'辩'即是人'伪'而成'善'之所以可能的价值之源和内在依据"③ 的结论。笔者认为，这属于过度阐释，是对荀子"人之所以为人"的曲解。事实上，连东方朔本人也意识到"这种结论不惟难于让人认同，恐怕荀子也不会爽然领受"④。笔者同意，在荀子那里确实存在"人性观"与"人观"的意义分殊，前者是就人之自然性而言，后者是就人之社会性而言。但荀子

---

① ［美］黄百锐：《荀子的道德动机观》，陈光连译，［美］克莱恩、艾文贺编：《荀子思想中的德性、人性与道德主体》，东南大学出版社 2016 年版，第 135 页。

② 参见陈林《荀子的人性论是否隐含"性善"思想？——从冯耀明著〈荀子人性论新诠：附《荣辱》篇 23 字衍之纠谬〉说起》，《邯郸学院学报》2017 年第 3 期。

③ 陈光连、东方朔之观点盖源于路德斌，三人持论相近，分别见路德斌《荀子人性论之形上学义蕴——荀、孟人性论关系之我见》，《中国哲学史》2003 年第 4 期；陈光连《论荀子"义"的伦理意蕴》，东方朔主编《荀子与儒家思想：以政治哲学为中心》，复旦大学出版社2019 年版，第 300—301 页；东方朔《合理性之寻求——荀子思想研究论集》，上海人民出版社2016 年版，第 138—141 页。

④ 东方朔：《合理性之寻求——荀子思想研究论集》，上海人民出版社 2016 年版，第138—141 页。

"人之所以为人"以其有"辩"有"义"的说法，是就人之修养目的来说的，而不是说"辩"和"义"乃人之本质，并先天地蕴含在"人之中"。的确，以孟子视角观之，所谓"人之所以为人"正是人区别于物性的人性所在，是人先天本有的。但荀子恰恰否定人具有先天的善性。按照荀子的成人之道，人的修养是从"自然人"到"社会人"的转变，其意指很明显，即人之生虽有自然性的一面，但不能仅仅停留在自然人的状态，而应该向"社会人""成人"转变。因此，把"善伪"或者"义""辩"说成先天地具于人之中的观点是不能成立的。与此类观点相近者还有梁涛，其认为荀子的心"是一种道德智虑心，不仅能认知，也能创造，具有好善恶恶、知善知恶和为善去恶的能力"①。心固然可以知善知恶，但并非天生好善恶恶。否则，人何至于"纵性情"而趋恶？显然，这种观点同样不符合荀子思想的本意。

总的来说，对荀子而言，人性虽然并不具备善性，但人在后天会出于对生存困境的思考而欲善和行善。这一点虽非普遍必然，但也属于理性人的大概率事件。如此，材朴趋恶之人不仅会选择善，而且还会主动创造善。那些认为荀子之道德修养全为外在师法教化的观点，显然忽视了荀子对道德修养中主体自身能动性的强调。

三 "积善成德，而神明自得，圣心备焉"

出于利己动机而选择善和创造善，虽不纯粹，但在一定程度上可以得到荀子的承认。此实为战国晚期形势变化之所迫。但以传承孔子、子弓之学自居的荀子，显然并未完全向现实妥协，而是同样主张纯粹的善，如他认为，真正的士君子应该具有"义之所在，不倾于权，不顾其利，举国而与之不为改视，重死持义而不桡"（《荣辱》）的勇气，批判那些"言无常信，行无常贞，唯利所在，无所不倾"（《不苟》）的贼寇、小人。但如何由不纯粹之"善"变为纯粹之"善"呢？这一步是由"积善成德，而神明自得，圣心备焉"（《劝学》）来实现的，此为荀子"积善成德"思想的第三层论述。

---

① 梁涛：《荀子人性论辩证——论荀子的性恶、心善说》，《哲学研究》2015 年第 5 期。

所谓"积善成德"最直接的理解就是积累善行成为德性。修养之初，人因利己动机而行善，此时的善虽非直接指向善，但从规范上说，符合善的行为，因此只是一种外在的善行。"积善成德"也就是将外在善行内化于性，成为善性，从而使人的一切行为直接指向善，成为纯粹的善，其关键则在于"积"及其引发的"化性"。荀子说："注错习俗，所以化性也；并一而不二，所以成积也。习俗移志，安久移质。并一而不二，则通于神明，参于天地矣。"（《儒效》）这里"积"的意义由单纯指称"积善成德"扩展到积累举措、习俗。从"积"与"化性"的关系来说，"积"是"化性"的前提，"化性"则是"积"所达到的结果，即"移质"，转化原初之性。荀子认为，当善行完全内化于性，成为一种稳定的德性时，就能达到通神明、参天地的圣人境界。

"积"在荀子道德修养论中具有关键性作用，其整个修养论是围绕"积"而展开的。上引文句中，"习俗移志，安久移质"一句尤需注意，此为荀子"积善成德"思想之锁钥，惜乎未受到学者之重视。久保爱引《晏子春秋》"汩常移质，习俗移性"一句解此，并说："及既化而移性质，则足独立而治也。"（《荀子校释》，第329页）朝川鼎则认为《韩诗外传四》"安旧移质，习惯易性而然也""与此义同"（《荀子校释》，第329页）。二注皆以"安久移质"为重点，未能注意到"习俗移志"一句。杨倞注："习以为俗，则移其志；安之既久，则移本质"（《荀子校释》，第329页）优于二注，但仍过于简略。所谓"志"实指原有的志向，具体来说即利己的动机。"质"则指人原初的本性，即第一义的性。"习俗移志"是说通过礼义习俗改变人原有的利己动机，使之直接向善。"安久移质"是说在改变原有动机的基础上长久地浸润在这种礼仪习俗之中就可以改变人原初的本性，获得一种善性。楼宇烈《荀子新注》将此句译为"风俗习惯能改变人的思想，长久地受风俗习惯的影响就会改变人的素质"，并认为"安"为语首助词，皆不确。[①] 显然，"移志"为"移质"的前提。人如果出于利己目的而行善，自然并无对善的认同。无认同感，则一切善行当然也就谈不上自觉和自愿。这样，即使无数次地积累善行，也不能使"善"的理念内化于性。因此，"移质"必先"移志"，二者的共同前提

---

① 楼宇烈主撰：《荀子新注》，中华书局2018年版，第135页。

则是"积"。

狭义的"积"即积累善行，而广义的"积"还包括对习俗、习惯、文化和礼义的涵泳。① 东方朔在论及"积"的含义时，曾指出："荀子喜言'积'，此固与其理性和经验品格有关，但对礼义统绪、历史文化和儒家的道揆法守的共通感也正根源于此'积'，因而，荀子言'积'实际上是为人们展开'过去'角度的历史'忆存'，并借此为人们展开'我们从何处来'的道德身份规定以及人们的生命与生活样式。当然，在荀子那里，人们的所'积'又是通过言辩和教化来展开实现的，并借此来启动人们对先王之道、礼义之统的共通感。"② 此说颇精审，所谓"共通感"，也就是对礼义的认同感，它是由广义的"积"而来。这种"积"可以分为圣人产生前和产生后两种情况。

荀子说礼义乃圣人所创，这只不过是沿用儒家一贯的说法而已。实际上，依荀子所论，我们可以做如下推论：圣人产生前，礼义已经随着人类生存经验的积累而略具雏形。如人出于长远利益考虑而节制当下欲望创造了"节"。处于群体之中的个人，出于自身利益考虑而维护整个群体的利益，可以说是一种"公"。当这种"节"与"公"表现于群体之中时，又创造了"让"，即节制自身需求，让出部分利益于他人。由"节""公""让"，还可以陆续推出"群""分""辩""义""礼"等，这些属于原始的礼义形态，它们构成了早期文明中的礼俗传统。对于这些因自身理性而创造出来的原始礼义，人们是易于接受和认同的。其次，根据前文对人之情的分析，人所具有的原始爱亲之情和乐之情，虽然是一种自然情感，但是这种自然情感一旦置于礼俗传统中，就会转化为道德情感，成为礼义之统的人性基础。前述"称情而立文"的准确含义是指，礼义规范皆是随顺人之本然性情而创立的，它们的产生合乎人性的需要。因此，这些情感可以成为人们接纳、认同礼义的

---

① 卫建国恰恰认为"化性起伪是道德积累的前提"（卫建国：《探寻"积"的伦理学意蕴——荀子论道德之"积"》，《伦理学研究》2012 年第 5 期）。显然，其并没有注意到"积"在荀子那里除了指狭义的积累善行，还指广义上对礼仪习俗的涵泳体悟。

② 东方朔：《合理性之寻求——荀子思想研究论集》，上海人民出版社 2016 年版，第190 页。

最佳桥梁。① 最后，礼义所带来的巨大利益是促使人们认同礼义的直接原因。当社会趋于混乱无序时，大部分人的需求都无法得到满足，而礼义所带来的秩序则使人们的需求得到一定程度的实现。荀子甚至说："孰知夫出死要节之所以养生也！孰知夫出费用之所以养财也！孰知夫恭敬辞让之所以养安也！孰知夫礼义文理之所以养情也！"（《礼论》）认为礼义道德可以满足人们的生存欲望，达到求财的目的，远离祸乱，培养人的情感。

当人们长久地处于这种原始礼义的氛围中时，由于既成风俗、习惯、环境等的影响，人们会逐渐由出于利己目的而行善转变为为善而行善，认同既成礼义。所谓"士""君子""圣人"即是能够理解礼义道德存在之理和自觉、主动维护礼义之统的一类人，它们的产生本身也是"积"的结果，"圣人"则是这类人中的先觉者和佼佼者。圣人产生之后，对既成的原始礼义予以提炼、整理、系统化，就成为完备的礼义规范体系。圣人依此而行教化，更多的人则在教化之下，自愿归向先王之道、礼义之统。对于少数不愿归化者，圣王则设刑法以治之，最终使"天下皆出于治，合于善"（《性恶》）。由此可知，材朴趋恶之人能否自觉自愿地认同礼义，皆依赖"积"的作用，这是主体自觉自愿进行修养活动的前提。大部分学者由于忽略了这一点，使他们过分夸大荀子师法教化的强制性的一面。

一旦人们认同"善"，"化性"也就有了基础。其内在机制是：在荀子的心性序列中，情、欲、虑、伪都与性相关联，每当"起伪"之时，都会对"性"造成"影响"。"善"之"伪"越多（"积善"）②，对原初之性的"影响"就会越深。"影响"越深，这种"影响"就会越稳定地附着在原初之性上，成为"性"的一部分。与原初之性相比，其结果显然是形成一种新的"性"（"成德"），即"新的动机结构"③。"化性"完

---

① 一个常见的误会是，学者多因荀子"反性悖情"之言认为荀子的道德修养论是对人性的悖逆，孟子之修养论则是顺人性。其实，从上述说法中已然可以得知，荀子同样主张顺人性而修礼义。其"反性悖情"只是对人性欲多不止的悖反，即"节"，这从修养上来说是必要的。

② "积善"实包含个人全部自觉修养活动，如"治气养心""积文学""积礼义"等。

③ 此为库蒂斯·哈根之说，参见［美］库蒂斯·哈根《荀子与审慎之道：作为动机的欲成为善》，秦际明译，《国学刊》2018 年第 1 期。

成的标准是"济而材尽，长迁而不反其初，则化矣。"（《不苟》）当人性的修养达到极致，形成稳定的向善动机而不返回到原初之性的状态，转化就算完成了。这实际上从理论上说明了"积习"是如何影响"性"的。

需要指出的是，许多学者认为，"化性"仅是对第二义的性，也就是情欲的转化，如邓小虎认为："通过转化第二义的性，而不改变第一义的性，就可以实现不改变性的实质，只转化实质的外貌，达到'状变而实无别，谓之化。有化而无别，谓之一实。'（《正名》）而'性'实质就是第一义的'性'。"① 这种观点会直接面临王阳明"工夫只在末流上救正"②的批判而无解，具体来说，仅仅转化性的具体表现和内容，如何能使善在人性中扎根，成为人性的一部分。其次，根据上述对"性""伪"关系的论述，对情欲的转化（起伪）最终会影响到人的原初之性，而不会仅停留于第二义的"性"。最后，这样的理解虽然满足荀子对"化"的定义，但又与荀子"习俗移志，安久移质"（《儒效》）的说法相矛盾。据前文分析，"质"不可能是就情欲来说的。如果"质"指的是第一义的性，那么，在荀子看来，它显然发生了变化。但这又与"化"的定义相矛盾。如何来化解这一矛盾呢？

这里涉及对"实""质"的理解。笔者认为，转化的对象仍然是第一义的性，但"实"和"质"并非同指。这里"实"指性的本然倾向，"质"指原初之性本身。以食欲为例，食欲欲多无止的倾向（实）不变，但满足食欲的具体限度以相应等级的礼为准，而不再是原初的肆无忌惮，这就是所谓"状变而实无别"。同时，经过长期"化性起伪"之后，食欲虽然保持欲多无止的倾向不变，但却在本性之中形成新的动机结构，即主动以礼义为归止，从而将食欲的满足限制在礼的要求之内。也就是说，新的动机结构是在保持原初之性不变的情况下，另外产生的。而作为整体，相对于原初本性来说，新的性显然与之不同，即发生了"质"的变化，此所谓"安久移质"。这样就化解了上述矛盾。事实上，在荀子那里，与"实"相对应的是"文""辞""名"，这三者属于同一所指，如

---

① 邓小虎：《荀子的为己之学：从性恶到养心以诚》，北京大学出版社 2015 年版，第57 页。

② （明）王阳明著，吴光等编校：《王阳明全集》，上海古籍出版社 1992 年版，第 115 页。

其言:"好其实不恤其文"(《非相》)、"惠子蔽于辞而不知实"(《解蔽》)、"名定而实辨"(《正名》)等。"实"与"名"相对,就此而言,"性"亦属于"名",其所指之"实"则是人天生的各种欲望、倾向、本能等。而"质"在荀子的用语中主要是指人之本性,如"若夫忠信端悫,而不害伤,则无接而不然,是仁人之质也"(《臣道》)等。这样的理解与荀子所言"性伪合"(《礼论》)亦是一致的:"伪"即新的动机结构,也就是善性;"性"指原初之性。"性伪合"即原初之性与新的动机结构的融合。只有这样,道德主体才能在人的内心真正确立起来(即"立大本"),道德自主才有其内在心性的根基,荀子的道德修养论才具有系统性、严密性与可行性。

四 余论:"积善成德"与"成性说"

以上主要从逻辑发展的角度论述了荀子"积善成德"思想的三个层次,它们可简述如下:性→伪→积→化性→成德→成圣。从中可以看出,在荀子那里,道德修养的过程即是培育道德主体、道德自主的过程。人之本性虽材朴趋恶,但人在后天生存中会出于对生存困境的思考而主动选择善,形成向善的动机。这一动机一开始虽非直接指向善,但是随着修养的深入,人在自身能动性与外在习俗环境的共同作用下,会改变原有利己因素,转而接纳和认同善。认同感一旦产生,"化性"就有了内在心性的基础,道德主体也就随着修养的深入,逐渐在人的本性中扎根,圣人因此产生,本文篇首所有质疑亦随之化解。因此,对荀子来说,道德主体是通过修养获得的,而非先天具备。程颐"大本已失"与牟宗三"大本不立"的批评显然是以先验的"性善"论为基础,但对荀子来说,并不成立。当代学者中,杨泽波仍坚持这一立场。[①] 笔者认为,杨泽波对荀子论仁"先在性与逆觉性的缺失"的判断,仍然是相对孟学而言的。从荀学内部来说,上述"缺失"不仅不会造成学理上的缺陷,而且是多余的预设。另有学者认为,如果不预设一个向善的本体(所谓"大本"),

---

① 参见杨泽波《先在性与逆觉性的缺失——儒家生生伦理学对荀子论仁的内在缺陷的分析》,《哲学研究》2021 年第 2 期。

便无法保证后天成圣的可能性。然而即使预设此一向善本体，仍无法保证现实中人皆能成圣。对荀子而言，这样一种预设既非事实，亦无必要，倒不如依现实情况如实描述人道德修养的过程。

实际上，荀子的可贵之处正在于其提出了一条不同于孟子的修养路径。孟子认为人先天具备"不忍人之心"（《孟子·公孙丑上》）和"善端"："恻隐之心，仁之端也；羞恶之心，义之端也；辞让之心，礼之端也；是非之心，智之端也。"（《孟子·公孙丑上》）道德修养即是不断扩充本心，"求其放心"（《孟子·告子上》）的过程，这一修养模式在后世成为唐代李翱《复性书》和宋明理学"复性说"思想的源头。荀子显然异于此，他否定先验的善性，认为善完全是后天形成的；否定静态、僵化的人性，认为人性的完善是在人与社会、自然的互动中逐步形成的；道德修养的过程实即主体自身主动选择善、创造善、认同善，并转化原初之性的过程。从修养模式上来看，荀子的"积善成德"思想属于中国哲学修养论中的"成性说"，而与孟子所代表的"复性说"不同。

"成性"说的主要特征是重视"性"与"习"的关系，认为后天的"习"决定"性"的最终形态，荀子之后，这一点被概括为"积习成性"，正是这一点使得"成性说"与"复性说"相区别。"复性说"认为人性先天圆满，后天的"习"只能掩盖先天之性，并不能对性本身造成影响。与此相应，成人的过程即复归先天之性的过程。以上述特征为依据来考察中国思想史可以发现，"成性说"与"复性说"在历史上皆渊源有自。"成性说"的渊源最早可以追溯至《尚书·太甲上》的"习与性成"。① 继之，《论语·阳货》有"性相近也，习相远也"。郭店竹简《性自命出》则有"凡人虽有性，心无定志，待物而后作，待悦而后行，待习而后定"②。这些说法皆强调"习"对"性"的影响，特别是《性自命

---

① "成性"一词最早见于《易传·系辞》"一阴一阳之谓道，继之者善，成之者性"和"成性存存"两句，但考察"成性"一词之本意，实指"成其万物之性"（《十三经注疏》整理委员会整理：《周易正义》，北京大学出版社 1999 年版，第 274 页），认为万物之性源于易道变化。至宋代，"成性"一词被解释为已成圆满之性，成为"复性"说体系中的概念，如朱熹说："成性，本成之性也。"［（宋）朱熹撰，苏勇校注：《周易本义》，北京大学出版社 1992 年版，第142 页］

② 李零：《郭店楚简校读记（增订本）》，中国人民大学出版社 2007 年版，第 136 页。

出》"凡人虽有性……待习而后定"的说法颇为明确地表达了"成性"说的主要特征。不过，就理论的系统性而言，荀子的"积善成德"思想显然比上述诸说更为全面、细致，亦更具理论指导意义。因此，荀子的"积善成德"思想实际上是对前代有关"性""习"关系的进一步总结和完善，属于中国思想史上最早的具有系统性的"成性说"。"复性说"则可以追溯至《老子》的"归根曰静，是谓复命"（《老子·第十六章》）与"复归于朴"（《老子·第二十八章》）等说法。老子之后，庄子同样认为人性素朴圆满，反对"去性而从于心"，主张"复其初"（《庄子·缮性》）。

从整个中国思想史的发展来看，无论是道家（教）、佛教还是儒家，其修养模式在后世发展中皆以"复性说"为主流，这一点特别鲜明地体现在道教重玄学、内丹学、佛教禅宗和宋明理学的修养论中。不过，"成性"说始终作为一股支流在中国思想史的发展中，传续不绝。荀子之后，董仲舒亦主张荀子意义上的"成性"说，如其言："民受未能善之性于天，而退受成性之教于王。王承天意，以成民之性为任者也。"（《春秋繁露·深察名号》）这可以说是对荀子人性论、修养论、教化论的直接继承。

汉以后，晋代郭象和唐初成玄英在注疏《庄子》时，亦曾多次使用"积习""成性"的说法，如《庄子·天运》郭注："由外入者，假学以成性者也"，《庄子·达生》郭注："习以成性，遂若自然。"《庄子·达生》成疏："不必禀生知自然之理，亦有积习以成性者"，《庄子·天运》成疏："由外入者，习学而成性也。"就成玄英来说，其思想的主要部分仍然属于"复性说"①，但不能否认的是，其思想中亦含有"成性说"的因素。"积习"的观念显然渊源于荀子，"积习成性"则是荀子"积善成德"的翻版。成玄英之后，唐代刘仁会在注《西升经》时亦说："夫丝无常染，决习成性，有教无类，积习生常。"② 宋徽宗注《老子·第六十二章》说："利而行之，积善成性，而神明自得，圣心循焉。"③ 完全是对荀子之言的化用。

---

① 参见李刚《成玄英的复性论发微》，《世界宗教研究》2000 年第 2 期。

② （宋）陈景元：《西升经集注》，《道藏》第 14 册，文物出版社、上海书店、天津古籍出版社 1988 年版，第 578 页。

③ （宋）赵佶：《宋徽宗御解道德真经》，《道藏》第 11 册，文物出版社、上海书店、天津古籍出版社 1988 年版，第 876 页。

宋代王安石亦主张"成性说"，其言："五事，人所以继天道而成性也。"① "习于善而已矣，所谓上智者；习于恶而已矣，所谓下愚者；一习于善，一习于恶，所谓中人者。"（《临川先生文集》，第 727 页）认为人事、习伪决定人性的善恶。与王安石同一时期的江民表在其《性说》中提出与王安石相近的主张，其言："习智而智，习愚而愚，习圣而圣，习狂而狂。"② 其"性空说"亦与荀子"性朴说"相近。明代，王廷相提出"凡人之性成于习"③ 的命题，延续了前述"积习成性"的思路，至王夫之则对"成性说"的含义予以更清晰、系统地表达④，"成性说"的哲学意涵始受到人们的普遍重视。从"成性说"的发展脉络可以看出，荀子的"积善成德"思想一方面集先秦时期"成性说"之大成；另一方面又启后代"成性说"之长流，后世"积习成性"之言，盖皆渊源于荀子。

可见，荀子的道德修养论同样源出于儒学古老的传统，且对后世影响深远。理学家站在孟学立场上，将荀子逐出儒学道统，实乃门户之见。撇开传统成见，以现代学术立场观之，荀子有关道德动机、道德自主、道德主体的确立等问题的思考，仍有其不可磨灭的价值，值得我们进一步探索。

---

① （宋）王安石：《临川先生文集》，中华书局 1959 年版，第 685 页。
② 转引自单亦艳、林桂榛《论江民表的〈性说〉》，《江苏教育学院学报》（社会科学版）2009 年第 4 期。
③ （宋）王廷相著，王孝鱼点校：《王廷相集》，中华书局 1989 年版，第 519 页。
④ 参见冯契《论王夫之的"成性"说》，《船山学报》1984 年第 2 期。

《吕氏春秋》荀学因子探微

姚海涛

（青岛城市学院）

摘　要：《吕氏春秋》存有不少荀学因子，此向为学界所忽略。从《吕氏春秋》的创作动机来看，与《荀子》一书在当时广宣流布有着相当大的关系。从二书相关联的层面来看，在《荀子》普及传播的战国末期，《荀子》成为《吕氏春秋》编撰素材与参照文本的可能性极大。而从《吕氏春秋》文本所反映的具体内容观之，其当与齐国稷下学宫乃至荀子有相当大的关联。进一步言之，《吕氏春秋》作者群体甚至可能有荀子弟子。从《吕氏春秋》中的荀学因子及其表现来看，二书同处于学术与政治之间，同有兼容并包、批判熔铸的理论特色，存在用语极类者若干，用典之同者亦不在少数，而思想大端之同者尤其值得重视。二书思想大端之同者，约略有天与人、义与利、古与今、因与假、染与渐等多个层面。探析《吕氏春秋》中的荀学因子对于正确认知二书间的复杂关系有重要的理论意义。

关键词：《吕氏春秋》；《荀子》；荀学；探微

引　言

若从时间先后观之，《吕氏春秋》与《荀子》二书自然是《荀》先而《吕》后，断无可疑。若从思想脉络观之，二书间的隐秘思想脉络则是见仁见智、莫衷一是。学者们曾进行过比较深入的研究，这为二书的关系研究打下了较好的基础，但由于结论不一，有些立论亦未确当，也给《吕氏春秋》与《荀子》关系研究带来了不少困扰。于是，厘清二者关系仍是中国哲学史研究中的一大话题。

佐藤将之《后周鲁时代的天下秩序：〈荀子〉和〈吕氏春秋〉政治哲学之比较研究》大作对《吕氏春秋》与《荀子》进行了较为全面的研究，得出了一些新的结论。他将二书置于后周鲁时代的大背景下来考察，认为《荀子》之于《吕氏春秋》并不存在直接影响。其共通之处可能仅仅与二者共同的稷下学思想背景有关，因共享了稷下思想之故。他根据《史记》中的一些材料提出，《荀子》在《吕氏春秋》成书方面有着某种刺激作用，仅此而已。二书由于相近的历史场景，所以产生了某些共同的问题意识，由此导致二者有着共通的思想观念。① 这一观点与之前学界的主流观点有着极大不同，具有一定的创新性。佐藤的研究立足于后周鲁时代的宏阔背景，且引入稷下学术的共通场景与问题意识给人以耳目一新的感觉。但其二书并不存在直接影响的结论确值得商榷。《吕氏春秋》与《荀子》二书出现的时间距离如此之近，难道思想距离却会远吗？二书间关系的真相到底如何？这些问题显然需要重新予以审视，以给二书关系以适当定位。

一 《吕氏春秋》的创作动机与作品性质

《吕氏春秋》是秦相吕不韦策划的一部集体撰作之书。关于《吕氏春秋》创作动机，自然主要当从策划人吕不韦身上找寻。概括学界关于《吕氏春秋》的创作动机与作品性质的看法，大约有以下三点。

其一，"耻以贵显"说。南宋学者黄震认为，《吕氏春秋》是"耻以贵显"而作，由于受到战国四公子及《荀子》的刺激，"窃名《春秋》"之作。② 最早指出《荀子》在《吕氏春秋》成书过程中起到刺激作用的

① 佐藤将之：《后周鲁时代的天下秩序：〈荀子〉和〈吕氏春秋〉政治哲学之比较研究》，台湾大学出版中心 2021 年版，第 23—49 页。

② 许维遹：《吕氏春秋集释》，中华书局 2016 年版，第 618 页。

是司马迁。《史记·吕不韦列传》云，"当是时，魏有信陵君，楚有春申君，赵有平原君，齐有孟尝君，皆下士喜宾客以相倾。吕不韦以秦之强，羞不如，亦招致士，厚遇之，至食客三千人。是时诸侯多辩士，如荀卿之徒，著书布天下。吕不韦乃使其客人人著所闻，集论以为八览、六论、十二纪，二十余万言。以为备天地万物古今之事，号曰《吕氏春秋》。布咸阳市门，悬千金其上，延诸侯游士宾客有能增损一字者予千金。"① 从司马迁的描述可以读出，诸侯国所养辩士较多，吕不韦受到战国四公子养士之风的影响，认为强秦亦当致士、养士，故其所招致之士竟达到三千人之众。这是第一重刺激。战国养士之风的形成主要出于列国雄主一统天下的政治需要，士主要充当智囊团的角色。从战国早期魏国的"西河之学"，到战国中期齐国的稷下学宫，再到战国晚期吕不韦三千门客编撰《吕氏春秋》，可以得出"学术中心即是政治中心"的结论。这种学术与政治的联姻，成就了百家争鸣的盛大场景，催生出了灿烂辉煌的思想成果。

荀子"著书布天下"则给了吕不韦第二重刺激。于是在吕不韦策划下，由其门客编撰《吕氏春秋》一书。为了炫耀其书之精深，他竟于咸阳门悬赏一字千金。从这一系列操作来看，吕不韦著书的政治动机被遮蔽了，取而代之的是其炫耀、卖弄等非政治的商业炒作。显然地，这与吕不韦彼时的丞相角色与政治背景完全不符。

到底是何种原因让吕不韦下决心编写一部以"吕氏"和"春秋"命名的书呢？提到"春秋"，令人马上会想到孔子的《春秋》。冯友兰在为许维遹《吕氏春秋集释》所作的序中说，"然此书不名曰'吕子'，而名曰《吕氏春秋》，盖文信侯本自以其书为史也。……故此书虽非子部之要籍，而实乃史家之宝库也"(《吕氏春秋集释》，第1页)。吕不韦本人的看法固然重要，但后人的看法可能更加重要。之所以以"春秋"命名此书，当然并不纯粹是将其视为一部历史类或思想类的书，可能有着更为深远的政治考量。

其二，政治教化、政治阴谋说。此说认为，《吕氏春秋》是政治性著作，是为了教化始皇帝，甚至为了吕氏篡位夺权所做的思想准备。郭沫

---

① （汉）司马迁：《史记》（第八册），中华书局2014年版，第3046—3047页。

若认为，吕不韦与嬴政有着深层次的矛盾。吕不韦虽不一定有取而代之的野心，但当有着经天纬地、为万世立仪的雄心。《吕氏春秋》的编撰"决不会仅如司马迁所说，只是出于想同列国的四公子比赛的那种虚荣心理的"①。他认为，全书在编制上相当拙劣，"含有极大的政治上的意义"②。另，郭沫若推测秦始皇作为大独裁者可能早有表征，吕不韦之所以将《吕氏春秋》赶着在秦始皇八年作出，是为了矫正其施政偏向，为了说教。③ 史学家杨宽与郭沫若观点相类似，他认为，吕不韦之所以在公元前 241 年把《吕氏春秋》以"一字千金"的高调出场方式公之于众，"是想在秦始皇亲理政务前，使自己的学说定于一尊，使秦始皇成为他的学说的实践者，从而维持其原有的地位和权势"④。

钱穆先生的思考则走得更远，关于一字千金之事，钱穆说，"余疑此乃吕家宾客借此书以收揽众誉，买天下之人心。俨以一家《春秋》，托新王之法，而归诸吕氏。如昔日晋之魏，齐之田。为之宾客舍人者，未尝不有取秦而代之意。即观其维秦八年之称，已显无始皇地位。当时秦廷与不韦之间，必有猜防冲突之情，而为史籍所未详者"⑤。由此看来，《吕氏春秋》确实具有政治上的考量，至于有无篡位夺权的阴谋此不可得知。从后来的历史看，吕不韦并没有达到目的，且将自己性命葬送。其中的主要原因是秦始皇主张用法家治国，而拒绝采用《吕氏春秋》儒道交融的治国方式。历史的吊诡是，《吕氏春秋》因政治而生，后来却成为学术名作，成为荟萃儒道墨诸家的一次学术融合。虽出自众手，却与《荀子》一样，成为汇聚百家学术的总结式著作。

其三，学术杂家、思想集成说。从《吕氏春秋》在思想史上的实际意义来看，学术意义压倒了政治意义。正是高诱所谓"寻绎此书，大出诸子之右"。从撰作主体来说，属于学术队伍从事的政治撰作。学术为政治服务，在战国末年尤其如此。从《吕氏春秋》中的理智之弘扬（郭沫若语）来看，绝非一时头脑发热而作，而是经过了深思熟虑、长期谋划

---

① 郭沫若：《十批判书·吕不韦与秦王政的批判》，人民出版社 1982 年版，第 401 页。
② 郭沫若：《十批判书·吕不韦与秦王政的批判》，人民出版社 1982 年版，第 402 页。
③ 郭沫若：《十批判书·吕不韦与秦王政的批判》，人民出版社 1982 年版，第 430 页。
④ 杨宽：《战国史》，上海人民出版社 2016 年版，第 484—485 页。
⑤ 钱穆：《先秦诸子系年》，商务印书馆 2005 年版，第 562 页。

之作。时至今日，定位《吕氏春秋》为学术作品的争议不大。而关于其是兼容诸子之说的学术性著作，抑或杂家代表性作品，则存在较大争议。自《汉书·艺文志》将其列为杂家以来，《吕氏春秋》杂家之说似不可动摇。此书虽说有一个统一的策划人吕不韦，但由于出于众手，其在逻辑性与系统性方面大打折扣，难怪乎后人视之为杂家。此论理据充分，不可轻易推翻。

《吕氏春秋》创作动机由于史料缺乏只能湮灭在历史的滚滚烟尘之中，留给后人无尽的思索。由此导致对此书的性质有了不同解读。《荀子》是《吕氏春秋》在形成过程中绕不开的一部典籍，探讨二者间的关联性是一件饶有兴味的事。

二　《吕氏春秋》与《荀子》相关联的几个层面

《吕氏春秋》与《荀子》的关联度到底如何？如上所言，据《史记》，《吕氏春秋》受到《荀子》的刺激而编著，所以说，二书的关联自撰作的最初阶段就开始了。

其一，在当时《荀子》已经遍布天下的情况下，《吕氏春秋》撰作者大概率对此书比较熟悉，甚至编撰小组存有此书，并将之作为编撰素材与参照文本。因为彼时，荀子与《荀子》的学术影响力已经很大，所谓"著书遍天下"。荀子曾入秦与昭王、应侯有过深入交流，其弟子李斯在秦国有一定地位，诸多因素使得《荀子》在秦国的传播率必然较高。

徐复观曾对《吕氏春秋》作过系统研究，认为此书是先秦经典及诸子百家的大综合，随之明确指出，其"采用了他人的思想而未出其名者更多，有如孟子、荀子即其一例"①。依徐复观，《吕氏春秋》既没有出现荀子之名，亦没有出现今本《荀子》语句，但是该书仍然化用甚至袭用了荀子思想。

《吕氏春秋》为何没有出现荀子？一则，从编撰者个人角度看，若是从稷下学宫出走至吕不韦麾下的学者，可能因自身或师传与荀子有思想过节，而有意忽略之。在《吕氏春秋》中，连子华子都出现多次，而在

---

① 徐复观：《两汉思想史》（二），九州出版社2014年版，第2页。

当时"著书遍天下"，大名鼎鼎的荀子没有出现，显然有些不合常理。二则，从策划者角度看，吕不韦出于让《吕氏春秋》与《荀子》相较量的个人目的，而在下达撰作任务之时，可能有意避开荀子，作了限制荀子入书的硬性要求。果如上所言，则能很好地解释《吕氏春秋》为何没有出现荀子，没有直接引用《荀子》的语句。当然，没有直接出现，并不表示没有间接出现，也不代表没有实质性的思想性影响，更不代表没有荀学因子。

其二，从《吕氏春秋》文本所反映的具体内容观之，其当与齐国稷下学宫乃至荀子有相当大的关联。从司马迁"吕不韦乃使其客人人著所闻"的表述来看，吕不韦编撰组中的门客既多，故"人人著所闻"。既然是"著所闻"，其所闻之内容很大一部分必成为今本《吕氏春秋》的内容。而《吕氏春秋》所用典故所涉齐国人物，如管仲、齐王及稷下诸子者较多。如《报更》与《知士》论及静郭君与齐宣王事，孟尝君与齐威王事，亦涉及稷下学宫的两个重要人物，一为齐貌辨，一为淳于髡。此外，其所提及的稷下诸子还有儿说、尹文、慎到、田骈等。

《吕氏春秋》所涉及的不仅仅是人物姓名、典故，还有其差异化较大的思想。而这绝非普通作者所能知悉，所谓非熟知齐国与稷下学宫者不能道也。而齐国重要君臣、稷下人物之隐秘典故，非具有一定社会地位，非久居齐国，亦不能详知也。从事此部分撰作的门客即便非齐人，必有居齐之经验，甚至是曾居于稷下学宫中的士人。可见，《吕氏春秋》作者团队有稷下学宫中游学之士的可能性极大。一个极为可能的推测是，随着稷下学宫的衰落与吕氏门客力量的崛起，不少学宫学者由齐入秦，开启了人生的新阶段，参与到《吕氏春秋》编撰队伍之中，将稷下学宫的兼容并包学风、人物典故、学术思想以及齐国君臣从政经验教训等写入书中流传后世。

另，按高诱《吕氏春秋序》的说法，"不韦乃集儒书，使著其所闻，为十二纪、八览、六论，合十余万言，备天地万物古今之事，名为《吕氏春秋》"（《吕氏春秋集释》，第14—15页）。其中的"儒书"一词似乎明示出了《吕氏春秋》与儒家间的密切关联。实则不然。按梁玉绳，"儒书"当为"儒士"之讹。需要注意的是，先秦之时，儒不为儒家之专名，而是有学问之人的总称。胡适《说儒》曾提出，老子是正统老儒，孔老本一家。① 若将此处"儒书""儒士"认定为儒家，就难以解释为何《吕氏春秋》中不主儒家而出现杂家的面向。所以，此处的"儒"当采其广义而非专名。如刘向曾将韩非视为"名儒"，正是此意。由此可见，《吕氏春秋》编撰团队的人员组成必然具有杂而不纯的性质。这一博杂撰作团队之能构成，稷下学宫无疑是一个很好的来源。荀子曾在稷下三为祭酒、最为老师，其门徒众多，无论是从稷下学宫还是从社会渠道，荀子弟子都极有可能加入撰作团队。

其三，《吕氏春秋》作者中可能有荀子弟子。余宗发认为："由于《吕氏春秋》成书之时，距荀卿入秦不久，而荀卿又仍然是当时学术界的长者，所以在《吕氏春秋》书中出现了鲜明的荀派儒家思想学说的色彩。"② 《吕氏春秋》成书于公元前241年，而荀子入秦当早于此年。据学者考证，荀子入秦为公元前262年。③ 荀子曾入秦与昭王、应侯对秦国地理风貌、人情风俗、官员设置等进行过深入细致的交流，并给予了"形胜""古之民""古之吏""古之朝"，"四世有胜，非幸也，数也"的高度评价。结合荀子的思想品格，此评价当非恭维之语，而是真实感想。荀子入秦答问对于儒学、荀学在秦国的传播无疑有着积极推动作用。加之荀子弟子李斯在秦国从廷尉干起直到后来的丞相尊位，这无疑有利于荀子思想在秦国乃至各诸侯国扩大影响。

依郭沫若之见，吕不韦入秦与荀子约略同时。吕不韦可能见过，或者师事过荀子——"即使不韦不曾见过或师事过荀子，而荀子的意见经由弟子李斯间接传到，那可是毫无问题的"④。果如是，则主编吕不韦本身就是荀子弟子或"再传弟子"。徐复观认为，《吕氏春秋》"可能受了荀子学说的影响，并开汉儒重师法的先河"⑤。而有学者则认为编者中有不少是荀子弟子，李斯的嫌疑最大。钱穆从战国晚期学者间的意态，有将自己侍奉的主子奉承为帝王之举，如荀卿弟子颂其师为"呜呼，贤哉！宜为帝王"便为实例，由此推出，"李斯入秦，为吕不韦舍人，吕览之

---

① 姜义华主编：《胡适学术文集——中国哲学史》（下），中华书局1991年版，第675页。
② 余宗发：《先秦诸子学说在秦地之发展》，文津出版社1998年版，第114页。
③ 刘全志：《荀子"居赵入秦"考》，《管子学刊》2014年第1期。
④ 郭沫若：《十批判书·吕不韦与秦王政的批判》，人民出版社1982年版，第427页。
⑤ 徐复观：《两汉思想史》（二），九州出版社2014年版，第37页。

书，斯亦当预，彼辈推尊不韦，谓其宜为帝王，夫岂不可"①。杨宽则直接认为，"是时李斯为吕不韦之舍人，必参与其事"②。果如是，此种关联不可谓不深矣。至于李斯是否参与《吕氏春秋》编撰，了无证据。胡适推测道，"《吕氏春秋》也许有李斯的手笔，这虽是一种臆测……"③ 云云。而佐藤认为，对于吕不韦来说，李斯的分量显然不够，因此并不认可李斯参与撰事。李斯虽然是学界所推测的参与编撰重要嫌疑人，但证据不足，只能阙如。

刘文典在注《吕氏春秋·劝学》"圣人生于疾学"时云："'疾'当训'力'，'疾学'犹'力学'也。《荀子》书中'疾'皆训'力'，《吕氏春秋》作者多荀子弟子，故用字多与《荀子》同。《尊师篇》'疾讽诵'注：'疾，力'，是其谊矣。"④《吕氏春秋》"用字多与《荀子》同"，此固然可以构成其与《荀子》间密切联系的重要证据，但并不能直接证明"《吕氏春秋》作者多荀子弟子"。因为《荀子》书当时遍布天下，即使不是其门下弟子，亦不免有引《荀子》为同道者读其书、化用其语。所以，荀子弟子是否参与《吕氏春秋》编撰证据仍然不足。

由上可见，《吕氏春秋》与《荀子》关联度的建立迄今尚未有切实可靠的历史证据。历史证据固然重要，思想证据也非常重要。若从思想传承角度言之，《吕氏春秋》与《荀子》的内在关联不可忽视。这种关联或潜隐或明显，可名之为《吕氏春秋》中的荀学因子。在历史证据不能获得的情况下，从思想证据的角度透视《吕氏春秋》中的荀学因子，成为唯一可行的路径。

三 《吕氏春秋》荀学因子及其表现

（一）理论特色：在学术与政治之间，兼容并包、批判熔铸

《吕氏春秋》虽没有直引《荀子》，但二书在理论特色、行文句式、

---

① 钱穆：《先秦诸子系年》，商务印书馆 2005 年版，第 562—563 页。

② 杨宽：《战国史料编年辑证》（下），上海人民出版社 2016 年版，第 1183 页。

③ 姜义华主编：《胡适学术文集——中国哲学史》（上），中华书局 1991 年版，第 315 页。

④ 刘文典：《三余札记》，刘文典著，诸伟奇、刘平章主编：《刘文典全集（增订本）》（第三册），安徽大学出版社 2012 年版，第 460 页。

语言表达等方面存在不少相似之处。从二者成书的先后可推知，只能是《吕氏春秋》借鉴了《荀子》，而非相反。如此，可构成《吕氏春秋》与《荀子》的内在关联。或者说，《吕氏春秋》荀学因子由是而显。从《吕氏春秋》与《荀子》二书对学术与政治的先后关系处理上来看，《荀子》基本上是以学术在先，政治在后，以学术疗救政治的诸子学理路展开论述。而《吕氏春秋》则走了一条政治在先，学术辅助政治并为其服务的政治学理路，甚至可以说其以学术与政治的高度同步性化解了二者先后这一棘手的问题。究其原因，这与二书的撰作主体一为思想家荀子，一为政治家吕不韦紧密相关。以今日眼光观之，二书均处于学术与政治之间。

《吕氏春秋》与《荀子》均具有兼容并包、批判熔铸的理论特色，具有内在思想与方法的一致性。荀子作为儒家人物，思想上以儒为主，而批判兼摄他家，让《荀子》染上了深厚的批判熔铸色彩。所以研究者对荀子的思想归属有着各种猜测，如认为其是法家、黄老道家，甚至是杂家。而《吕氏春秋》则向来有杂家之称。如《汉书·艺文志》即将其列入杂家。而关于《吕氏春秋》学派归属的争论一直未断。如此书到底是道家为主还是儒家为主等。之所以出现这些争论，皆因《吕氏春秋》以《荀子》为"榜样"而走得更远些罢了，所以从一开始便"显示了它包容天下的思想与知识的野心"①。如果说《荀子》的撰作是稷下学派学术争论与融合的初步产物，那么《吕氏春秋》便是融合之后的进一步精耕细作。当然，这并不是说《吕氏春秋》比《荀子》更加精妙，而是各自处于不同的思想阶段的进一步延展而已。

二书的同与异交织在一起，不可苛求。《荀子》一书毕竟基本上是荀子一人之著述，在思想架构上自然比不得《吕氏春秋》来得周全，而《吕氏春秋》则是集体智慧之结晶，是共同创作的作品。当然，这也绝不意味着《吕氏春秋》在思想深度与历史影响方面较之更胜一筹。这些差异性决定了二书的个性价值，也可以看到《荀子》对《吕氏春秋》隐秘的影响。进一步说，与其说这是二书的系列差异，倒不如说这是《吕氏

---

① 葛兆光：《中国思想史》（第一卷），复旦大学出版社2015年版，第216页。

春秋》在对《荀子》一书的潜在式改进。至于改进得成功与否，自然可以见仁见智。

（二）用语极类者

一般地讲，一个作者若没有看另一作者的文字，独立为文，其用语相类似者，只可能出现在不谋而合地引用某经典文本之中，而在那些原创部分决不会出现极其类似的表述。通读《吕氏春秋》与《荀子》，会明显地感受到其用语极其类似的部分不在少数。而从中亦不难看出，《吕氏春秋》对《荀子》的借鉴。此正是《吕氏春秋》中的荀学因子之重大表现。

为了更好地说明问题，现将极其类似者，列表如下，并于表格最右侧一栏，略作说明。

表 1 　　　　　　　　　　**《吕氏春秋》《荀子》类似句**

序号	《吕氏春秋》	《荀子》	说明
1	"国残身死，为天下僇，举天下之不义辱人必称此四王者。"（《当染》）	（1）"身死国亡，为天下大僇，后世言恶则必稽焉。"（《非相》） （2）"身死国亡，为天下大僇，后世言恶则必稽焉。"（《王霸》） （3）"身死国亡，为天下之大僇，后世之言恶者必稽焉。"（《正论》）	语句逻辑、所用词语，皆极其类似
2	"齐桓公染于管仲、鲍叔，晋文公染于咎犯、郄偃，荆庄王染于孙叔敖、沈尹蒸，吴王阖庐染于伍员、文之仪，越王句践染于范蠡、大夫种。"（《当染》）	（1）"故齐桓、晋文、楚庄、吴阖闾、越勾践，是皆僻陋之国也，威动天下，强殆中国，无它故焉，略信也。是所谓信立而霸也。"（《王霸》） （2）"齐桓、晋文、楚庄、吴阖闾、越句践，是皆和齐之兵也，可谓入其域矣，然而未有本统也，故可以霸而不可以王。"（《议兵》）	春秋五霸说法，历来不一。《春秋》认为是齐桓公、晋文公、秦穆公、楚庄王、宋襄公。《孟子》亦然。《墨子》与《荀子》则不然。而《吕氏春秋》与《春秋》不同，而与《墨子》《荀子》同

序号	《吕氏春秋》	《荀子》	说明
3	(1) "古之善为君者，劳于论人而佚于官事，得其经也。"（《当染》） (2) "贤主劳于求人，而佚于治事。"（《季冬》）	(1) "故君人劳于索之，而休于使之。"（《王霸》） (2) "故君人者劳于索之，而休于使之。"（《君道》）	论人、求人为君之事，即是"劳于索之"，佚于官事、治事，即是"休于使之"之义
4	(1) "水泉深则鱼鳖归之，树木盛则飞鸟归之，庶草茂则禽兽归之，人主贤则豪桀归之。"（《功名》） (2) "丘陵成而穴者安矣，大水深渊成而鱼鳖安矣，松柏成而涂之人已荫矣。"（《先己》）	"川渊深而鱼鳖归之，山林茂而禽兽归之，刑政平而百姓归之，礼义备而君子归之。"（《致士》）	皆以泉水、树木、禽兽起兴，而归结到政事，归束到上位的统治者身上
5	"故义兵至，则邻国之民归之若流水，诛国之民望之若父母，行地滋远，得民滋众，兵不接刃而民服若化。"（《怀宠》）	(1) "人归之如流水，亲之欢如父母。"（《富国》） (2) "故民归之如流水，所存者神，所为者化而顺。"（《议兵》） (3) "故近者亲其善，远方慕其德，兵不血刃，远迩来服，德盛于此，施及四极。"（《议兵》）	二书皆作"归之若流水"，"望之若父母"，另一为"兵不接刃"，一为"兵不血刃"，语句如此相近，非蹈袭之，不能解释也
6	(1) "类固相召，气同则合，声比则应。鼓宫而宫动，鼓角而角动。平地注水，水流湿。均薪施火，火就燥。"（《应同》） (2) "类同相召，气同则合，声比则应，故鼓宫而宫应，鼓角而角动，以龙致雨，以形逐影。"（《召类》）	(1) "施薪若一，火就燥也；平地若一，水就湿也。草木畴生，禽兽群焉，物各从其类也。"（《劝学》） (2) "均薪施火，火就燥；平地注水，水流湿。夫类之相从也，如此之著也，以友观人，焉所疑？"（《大略》）	物各从其类的思想完全相同，其所用语亦同，此《吕氏春秋》袭用《荀子》必矣
7	"闻为身，不闻为国。"（《执一》）	"闻修身，未尝闻为国也。"（《君道》）	字句基本相同

续表

序号	《吕氏春秋》	《荀子》	说明
8	"故民之于上也，若玺之于涂也，抑之以方则方，抑之以圜则圜。"(《适威》)	"君者，仪也，仪正而景正；君者，槃也，槃圆而水圆；君者，盂也，盂方而水方。"(《君道》)	虽不完全相同，但属同类型的比喻，皆以方圆为喻
9	"今夫爝蝉者，务在乎明其火，振其树而已。火不明，虽振其树，何益？明火不独在乎火，在于闇。当今之时世闇甚矣，人主有能明其德者，天下之士，其归之也，若蝉之走明火也。"(《期贤》)	"夫耀蝉者务在明其火、振其树而已，火不明，虽振其树，无益也。今人主有能明其德，则天下归之，若蝉之归明火也。"(《致士》)	几乎完全相同。从所用喻来看，皆是"耀蝉"。从所得结论来看，皆谓人主明其德则天下归之。《吕氏春秋》明显本于《荀子》并进行了润色
10	"赏不过而刑不慢。赏过则惧及淫人，刑慢则惧及君子。与其不幸而过，宁过而赏淫人，毋过而刑君子。"(《开春》)	"赏不欲僭，刑不欲滥，赏僭则利及小人，刑滥则害及君子。若不幸而过，宁僭勿滥；与其害善，不若利淫。"(《致士》)	卢文弨曰："（引者注：荀子）此数语全本《左传》。考荀卿以《左氏春秋》授张苍，苍授贾谊，荀子固传《左氏》者之祖师也。"[1] 荀子语本于《左传·襄公二十六年》："善为国者，赏不僭而刑不滥。赏僭则惧及淫人，刑滥则惧及善人。"
11	"人之老也，形益衰，而智益盛。"(《去宥》)	"血气筋力则有衰，若夫智虑取舍则无衰。"(《正论》)	对人形体与智力的认知完全相同，表述亦相近

---

[1] 王先谦：《荀子集解》，中华书局 2012 年版，第 259 页。

续表

序号	《吕氏春秋》	《荀子》	说明
12	"学岂可以已哉!"(《开春》)	"学不可以已。"(《劝学》)	"学岂可以已哉"一语明显承继《荀子》"学不可以已"而来。以辞气观之,当先有"学不可以已",而后方有感叹之语"岂可以已哉"
13	"夫登山而视牛若羊,视羊若豚。牛之性不若羊,羊之性不若豚,所自视之势过也。"(《过理》)	"故从山上望牛者若羊,而求羊者不下牵也:远蔽其大也。"(《解蔽》)	皆为视牛若羊之论,皆从山上远望而得,皆论地势使之然也

　　从上表中对二书的不完全统计可见,《吕氏春秋》因袭、改作自《荀子》之句,确实不在少数。此亦可印证《吕氏春秋》中存有的荀学因子。

(三)用典之同者

　　用语类似足证其前后沿袭,而用典之同亦可作为二书相袭之辅助性证据。《荀子·大略》有"汤旱而祷"之事,主要体现商汤面对旱情祈祷时,对自身从"政不节与""使民疾与""宫室荣与""妇谒盛与""苞苴行与""谗夫兴与"六大方面进行了深刻检讨,追问"何以不雨至斯极也!"(《荀子集解》,第487页)祈祷虽属祭祀,但正是荀子所谓"君子以为文,而百姓以为神"(《荀子集解》,第309页)。"汤旱而祷"是汤面对上天真挚的内心独白与自我剖析,是以"语言"的方式来表达这一事件。而《吕氏春秋·顺民》则进行了大量扩充,将汤之祷的地点、过程、结果进行了详细描摹,是在《荀子·大略》基础上的合理想象与升级造作。

　　"陈蔡绝粮"这一知名典故,分见于《荀子·宥坐》和《吕氏春秋·慎人》。二书用语一致、篇幅相当、大同小异,皆强调士人遇明主的重要性。"魏武侯谋事而当"则分见于《荀子·尧问》和《吕氏春秋·骄恣》,所述故事情节及用语一致,所谈及者为楚庄王因群臣莫能逮而忧国亡事,皆引中蘬(仲虺)之言,所不同者进谏魏武侯者一为吴起,一为李悝。另一处比较明显的用典之同为氏羌之虏不忧系垒（累）而忧死不焚事。《荀子·大略》云："氏、羌之虏也。不忧其系垒也，而忧其不焚也。"（《荀子集解》，第 484 页）《吕氏春秋·义赏》则云："氏羌之民，其虏也，不忧其系累，而忧其死不焚也，皆成乎邪也。"（《吕氏春秋集释》，第 283 页）所不同者仅为《荀子》引为曾元之言，而《吕氏春秋》未言何人之言。以上典故，非熟知《荀子》字句者，不能写得如此相似。

此外，二书所论及古典人物亦颇为接近，同时出现的人物如奚仲、仓颉、后稷、造父等。《吕氏春秋·君守》言："奚仲作车，苍颉作书。后稷作稼，皋陶作刑，昆吾作陶，夏鲧作城。"（《吕氏春秋集释》，第 384 页）《荀子·解蔽》亦有仓颉、后稷、奚仲。此外，二书共同书写的还有蜂门、造父、王良等。按说任何两本书论及历史人物相类似并不构成相袭之证据。可《吕氏春秋》与《荀子》所共享的人物并非分散排列，而是连续三个人物皆处于《荀子》书的一段之中。这就不能不大概率地说明，《吕氏春秋》此段的撰者可能看过《荀子》此段，并有意无意袭用之。

（四）思想大端之同者

《吕氏春秋》与《荀子》思想大端存在相同之处。韦政通认为："（《吕氏春秋》）书中虽没有提到荀卿其人，却保存了他几个重要的论点，如天生人成（《本生》）、圣人生于力学（《劝学》）、人禽之辨在义（《先识览》）等。"①韦先生从天人关系、人禽之辨的角度看到二书间的内在思想关联，是为真知灼见。稍嫌不足的是，其并未对二书思想大端之同者展开进一步阐述。若条分缕析地钩稽二书思想大端之同者，至少包括天与人、义与利、古与今、因与假、染与渐诸方面。

1. 天与人：人道为天道归宿

从天道与人道的关系来看，二书对天道与人道展开的具体方式略有差异，但其理论归宿却高度一致。《荀子》有着明确的问题意识，以人间论题为纲，随时、随事而发，没有事先的主线逻辑安排，所以看起来是一部掘发人道而非天道的思想著作。《吕氏春秋》从《序意》来看，虽是黄帝之学的铺展，其从自然之道出发，以十二纪的时空架构论列思想，

---

① 韦政通：《中国思想史》（上册），上海书店出版社 2003 年版，第 289 页。

纲举而目张，属推天道以明人事的著作，其最终归宿仍是人道而非天道。二书同重人道铺展的政治哲学而非天人自然哲学。《吕氏春秋》所云"始生之者，天也。养成之者，人也。能养天之所生而勿撄之，谓之天子"（《吕氏春秋集释》，第7页）以及"始生人者天也"（《吕氏春秋集释》，第92页）正是荀子"天地生之，圣人成之"①思想。荀子认为，君道能群，群道四统，其一为"善生养人者也"。君道善群，其一为"群生皆得其命"。君道、群道即圣王之道。而《吕氏春秋》必不能反对之。二书皆以天道为人道之依归，而以人道政治为主旨，确保圣人、天子的至高地位与管理职能。若将天生人成视为荀子思想的一大支柱，则《吕氏春秋》则为踵其后者。

从逻辑上看，《吕氏春秋》明显更加具有体系建构色彩，其将阴阳家的观念与诸子思想进行了糅合、搭建、重塑，回溯到上古天人不分的圆融中去，是任意比附的神秘主义回潮，极大地妨碍了中国思想史的健康发展。而《荀子》则有其一以贯之的主张，"明于天人之分"，在天与人之间作一明确对分，重心从天上回到人间，则具有初步的科学意义。可惜的是，在后来的思想史发展过程中荀子的地位渐渐被拉低、被无视，中国哲学主流仅注重"仁"的一面，而忽略了了"智"的一面。

2. 义与利：乐利主义、为民父母、养生主义的政治哲学

《吕氏春秋》与《荀子》的理论归宿是人道，故其强调人群社会的政治哲学。义利之辨是儒家重要命题，义利关系是儒家特重的关系，在儒家政治学说中占有重要地位。二书已经跳出了孟子"何必曰利"的窠臼，不再罕言利而是有了更深入地认知。《吕氏春秋》提出："君子计行虑义。小人计行其利，乃不利。有知不利之利者，则可与言理矣。"（《吕氏春秋集释》，第524页）不利之利属"乐利主义的政治学说"②。而荀子早就指出："不利而利之，不如利而后利之之利也；不爱而用之，不如爱而后用之之功也。利而后利之，不如利而不利者之利也；爱而后用之，不如爱而不用者之功也。利而不利也、爱而不用也者，取天下矣。利而后利之、爱

① "天地生之，圣人成之"在荀子《富国》与《大略》中各见。参见王先谦《荀子集解》，中华书局2012年版，第180、478页。

② 姜义华主编：《胡适学术文集——中国哲学史》（上），中华书局1991年版，第304页。

而后用之者，保社稷者也。不利而利之、不爱而用之者，危国家者也。"（《荀子集解》，第189页）荀子将利按严格的逻辑关系分为不利而利、利而后利、利而不利三个不同的层次，分别对应危国家、保社稷、取天下三大不同效果。利而不利，利百姓而不取利于百姓，这就是以百姓之利为利的乐利主义（或称之为爱利主义）思想体现。

《吕氏春秋·贵公》所云："天下非一人之天下也，天下之天下也"（《吕氏春秋集释》，第17页）与《荀子·大略》"天之生民，非为君也。天之立君，以为民也"（《荀子集解》，第487页）有着较高的思想亲缘性。立君为民思想的集中表达是"为民父母"之说。"为民父母"这一打着深深儒家烙印的思想，既是《荀子》非常重视者，又在《吕氏春秋》《序意》《不屈》二篇中均出现。《序意》借黄帝诲颛顼之口说出了"为民父母"的政治哲学。《不屈》则云："《诗》曰：'恺悌君子，民之父母。'恺者，大也。悌者，长也。君子之德，长且大者，则为民父母。"（《吕氏春秋集释》，第433页）《荀子·礼论》则道："《诗》曰：'恺悌君子，民之父母。'彼君子者，固有为民父母之说焉。"（《荀子集解》，第363页）《不屈》与《荀子·礼论》所云简直如出一辙。二者同引《诗·大雅·泂酌》"恺悌（岂弟）君子，民之父母"语，同云君子为民父母之义。尤其值得重视的是，《序意》所言与《荀子》理路一致。《序意》篇云："爰有大圜在上，大矩在下，汝能法之，为民父母。"（《吕氏春秋集释》，第236页）按天圜地方之说，圜者为天，矩者为地，君子效法天地，为民父母。此正与前所言荀子"天生人成"意相合，是儒家式的养育万民之意。

《吕氏春秋》与《荀子》同样重视人欲，正视人欲，引导人欲，注重养生。《吕氏春秋·情欲》认为："天生人而使有贪有欲。欲有情，情有节。圣人修节以止欲，故不过行其情也。"（《吕氏春秋集释》，第33页）《荀子·礼论》坦言："人生而有欲。"（《荀子集解》，第337页）又言："欲虽不可尽，可以近尽也；欲虽不可去，求可节也。"（《荀子集解》，第415页）圣人与常人同样具有欲望。常人往往不能以礼导欲而滑向恶，而圣人则能够修节止欲、以礼御欲、以礼制欲。欲望与养生密切相关。二书在对百姓养生方面，皆有精深见解。此可归属于养生主义政治哲学。《吕氏春秋·本生》"物也者，所以养性也，非所以性养也"与《荀子》"君子役物，小人役于物"以及"重己役物"的思想完全一致。《吕氏春秋》"养有五

道"从养体之道、养目之道、养耳之道、养口之道、养志之道五个方面
展开,这与《荀子》"礼者,养也"中所列的养口、养鼻、养目、养耳、
养体并无多大的不同。另,荀子《正名》有养目、养耳、养口、养体、
养形、养乐、养名之说,《修身》《不苟》中又有养心之术、养心莫善于
诚之说。

3. 古与今:古今一也、审今知古、法后王的历史哲学

古今之辨属历史哲学范畴,是《吕氏春秋》与《荀子》又一共同话
题。二书皆成于战国末期,站在古今的转折点上,自然会有较多的共同
语言。古与今作为时间概念来讲,不可分割,同为一体,也就是荀子所
谓"古今一也"。《吕氏春秋·长见》明确指出:"今之于古也犹古之于
后世也,今之于后世亦犹今之于古也,故审知今则可知古,知古则可知
后。古今前后一也,故圣人上知千岁,下知千岁也。"(《吕氏春秋集释》,第
218 页) 此与荀子"欲观千岁则数今日,欲知亿万则审一二,欲知上世则
审周道,欲审周道则审其人所贵君子"(《荀子集解》,第81页) 若合符节。二
书对古今一体的感知完全一致,对圣人、先王智通古今的崇敬之情完全
一致,皆由古今之辨生出了以今知古、以古持今、贯通古今的方法论。

古今之辨中的法先王还是法后王是古今之辨论题中不可回避的方法
论问题。从总体上来讲,古今一体,"类不悖,虽久同理",但在具体的
操作层面,则由于"传者久则论略,近则论详",法古不若法今,法先王
不若法后王。二书在法后王方面也达到了高度的思想一致。《吕氏春秋·
察今》指出:"上胡不法先王之法,非不贤也,为其不可得而法。先王之
法,经乎上世而来者也,人或益之,人或损之,胡可得而法?虽人弗损
益,犹若不可得而法。东夏之命,古今之法,言异而典殊,故古之命多
不通乎今之言者,今之法多不合乎古之法者。……凡先王之法,有要于
时也,时不与法俱至。法虽今而至,犹若不可法。故择先王之成法,而
法其所以为法。"(《吕氏春秋集释》,第337—338 页) 一则,人或损或益,先王
之法本来面貌已失,如何可法? 二则,古今之法,言异典殊,多不能相
通,如何能法? 三则,先王之法适用于先王之时,具有时效性,古今变
化差异之大,如何法之? 由于先王之不尽可法,自然要以近知远、以今
知古、察己知人。进而言之,法先王还是后王,这都不是问题,要害是
法其所以法,关注法背后的精神与思想,找到确不可易的方法论。

4. 因、染与假、渐

观二书，会发现《吕氏春秋》因、染思想与《荀子》假、渐思想间互相融通。《吕氏春秋·顺说》云："顺风而呼，声不加疾也；际高而望，目不加明也。所因便也。"王念孙指出："'际'疑'登'之讹。"（《吕氏春秋集释》，第 327 页）此说甚是。相类似地，《荀子·劝学》云："登高而招，臂非加长也，而见者远；顺风而呼，声非加疾也，而闻者彰。假舆马者，非利足也，而致千里；假舟楫者，非能水也，而绝江河。君子生非异也，善假于物也。"（《荀子集解》，第 4 页）二书用了"顺风""登高"这样极为类似的语言，表达出了相通的思想：因与假。因，指的是因物乘便、因势利人。假，指的是假借物性以利人。可见，因与假之相契相通。《吕氏春秋·当染》引用墨子所见染丝之叹"故染不可不慎也"而生发"非独染丝然也，国亦有染"（《吕氏春秋集释》，第 37 页），与《荀子》"君子之所渐，不可不慎也"，"取友善人，不可不慎"，"君子居必择乡，游必就士，所以防邪僻而近中正也"等一系列思想完全一致，均表达了环境、学习、师法等在人成长过程中的重要作用。

此外，在治国观上，二书皆看到了明分、定分之于治理国家的重要性。在军事观上，《吕氏春秋》大量的"义兵"之说与《荀子》"仁义之兵"思想毫无二致。《吕氏春秋·适音》与《荀子·乐论》更是可互相参合，二篇关于乱世之音与治世之音的分别，关于音乐对政治、习俗作用的描述以及在移风易俗、平政化俗发挥的重要作用均可引为同调。

结　语

《吕氏春秋》与《荀子》创作时间前后相续，均为先秦与秦转捩之时的集成性思想大作，二书有着或明或暗的内在联系。从创作动机、撰作者共同的稷下学背景、思想亲缘诸方面皆可见。《吕氏春秋》作者群体的多元化直接导致了思想博杂的特点，也成就了其兼采众家的思想特色。主编吕不韦有意识的规划与参编者的精心建构，又使得此书成为一包容性极强、结构性极谨严的著作。透过字里行间，可以把捉到其中的荀学因子，嗅到其中的荀学气息。《吕氏春秋》与《荀子》均处于学术与政治之间，同具兼容并包、批判熔铸的理论特色，存在不少用语极类者，亦有用典之同者，更有思想大端之同者。可以说，《吕氏春秋》中的荀学因子处处可见，在思想方面存在不少相通之处。明乎此，对于理解二书的关系当不无助益。

宋明理学专栏

仁爱形而上学的建构

——张载《西铭》的解读*

朱汉民

（湖南大学　岳麓书院）

摘　要：儒家仁爱包括亲爱与博爱两种爱，继而出现亲爱与博爱孰为大的思想紧张。早期儒家希望化解二者的紧张，他们或者以个体生活与公共生活的不同空间范围，或者以小康与大同的不同时间范围，以证明亲爱与博爱在不同时空范围的优先性。但是，如何能够在同一的时间和空间的生活实践中化解亲爱与博爱孰为大的紧张，宋儒通过仁爱形而上学的建构，以解决这一难题。张载《西铭》的太虚即气论，从形而下与形而上两个层面理解仁爱，说明亲爱与博爱的形成原因和融通路径。太虚即气论既保留了亲爱在形而下层面的合理性价值，又从形而上层面上肯定了博爱的崇高价值。张载《西铭》依据一种境界论形而上学，希望以此来实现现实道德实践的亲爱与博爱的融通。

关键词：仁爱；亲爱；博爱；太虚；形而上学

一　问题：亲爱、博爱孰为大？

在世界不同的文明体系中，均认同"爱"的道德价值。但是，不同

---

* 基金项目：国家社科基金重大项目"宋学源流"（19ZDA028）阶段性成果。

文明形态、不同宗教教义对"爱"的来源、范围、意义、路径是十分不一样的。如果能够找出"爱"的这些差别，就可以发现文化、宗教之间的重要差别。

在中国文明体系中占据核心地位的儒学思想体系，仁爱就是其中的核心观念。在奠基儒家思想体系的《论语》中，"仁"是其中最核心的概念。从语源上讲，"仁"是指"二人为偶，则相亲密"，即体现为二人之间相爱的亲密关系。但是，从儒家仁爱的思想中，却包含着两种不同类型的爱，即亲亲之爱与博爱。这两种爱均可以溯源到《论语》等早期儒家典籍。

首先，《论语》中所讲的仁爱，是一种基于人的血缘之亲的天然情感，即所谓"亲亲之爱"。早期儒家强调亲亲之爱的本原性、天然性、真实性，并将其归结为仁之根本。《论语·学而》记载孔子的弟子有若曰："孝悌也者，其为仁之本与。""孝"是子女对父母的天然之爱，"悌"是弟弟对其兄的天然之爱，二者均是基于人的血缘之亲的亲亲之爱，即是后儒解释的："本，基也。基立而后可大成。包曰：'先能事父兄，然后仁道可大成。'"① 其实，以亲亲之爱来定义仁爱，是孔孟等早期儒家的共同观点。《礼记·祭义》记载孔子之语说："立爱自亲始。"《孟子·尽心上》记载孟子之语："亲亲，仁也。"可见，以亲亲之爱言仁，一直是儒家的重要思想传统，确实与儒家思想背后深厚的宗法文化传统有密切关系。

另外，孔子所讲的仁爱，还是一种基于人人相爱的"泛爱众""爱人"，后来的儒者进一步将其归结为"博爱"。《论语》记载樊迟问仁，孔子答之曰"爱人"，这是关于仁爱包含博爱精神的最重要论述。《论语·学而》中还记载有孔子的相通论述即"学道而爱人""泛爱众而亲仁"之说，均表明孔子的仁爱同时还是一种"泛爱众""爱人"普遍之爱，并不局限于亲亲之爱。后来，汉儒还将早期儒家"泛爱众""爱人"的思想解释为"博爱"，如孔安国在说："博爱，泛爱众也。"② "博爱"

---

① 程树德：《论语集释》卷一，《学而上》，中华书局 1990 年版，第 19 页。
② 孔安国：《古文孝经孔氏传》，文渊阁《四库全书》，台湾商务印书馆 1986 年版，第 182 册，第 11 页。

之说在汉儒的经典注释和儒家思想阐发中可以经常看到，成为儒家仁爱的一种重要思想内涵。

显然，儒家仁爱思想是包含着亲爱与博爱两个方面的。从孔子开始一直延续两千多年，大多数学者均肯定儒家的仁爱是将亲爱与博爱这两种不同类型的爱均包括在内的，故而体现了儒家伦理价值的包容性和亲和性。但是，不同文化或不同学派的思想差别往往是价值体系的差别，而价值体系的差别就体现在价值的排序上。在早期儒家的经典传记和诸子论学中，他们似乎对亲爱与博爱两个方面的排序往往是不一致的，有的学者强调亲亲之爱为大，《中庸》强调："仁者，人也，亲亲为大。"孔颖达在《礼记正义》中解释说："'仁者人也，亲亲为大'者，仁谓仁爱，相亲偶也。"① 而有的学者又强调博爱为大，《礼记》说："古之为政，爱人为大。不能爱人，不能有其身。不能有其身，不能安土。不能安土，不能乐天。不能乐天，不能成其身。"② 他将政治目标"安土""乐天""成身"均看作是为政者的"爱人"精神的体现，故而提出"爱人为大"。这些不一致说法导致现代学界对此问题理解仍存在分歧。

可见，在儒家经典体系中，分别出现了"亲亲为大"与"爱人为大"的不一样说法。所谓"为大"，其实就是指亲爱与博爱哪一种价值应该优先的问题。在后来的儒家典籍中，既可以找到"亲亲为大"的例证，也可以找到"爱人为大"的例证。所以，现代学者仍然还在激烈讨论和争辩，儒家仁爱到底是"亲爱"为大，还是"博爱"为大？

二 亲爱与博爱：不同时空范围的优先

其实，早期儒家在面临这一道德难题时，就在探寻解决问题的思路，希望化解二者的紧张。他们解决问题的方案是划分不同时空范围，以分别确立亲爱或博爱的道德价值为大。他们或者以个体生活与公共生活的不同空间范围，或者以小康与大同的不同时间范围，以证明亲爱与博爱

---

① 阮元校刻：《十三经注疏》，中华书局 1980 年版，第 1629 页。
② 《礼记正义》卷五十，《哀公问》。李学勤主编：《十三经注疏》第 6 册，北京大学出版社 1999 年版，第 1379 页。

在不同时空范围的优先性。

首先，儒家在论述"亲爱"与"博爱"孰为大时，往往是有空间范围的区别的。一般而言，他们讲亲爱为大的时候，主要是指个体生活空间而言；而讲博爱为大时，一般是就公共政治生活空间。① 也就是说，如果深入考察历史上儒家学者的看法，会发现他们对亲爱与博爱孰为大的问题上，往往是有不同所指的：在个体生活空间范围，亲爱的道德价值应该优先；在公共政治空间范围，博爱道德价值应该优先。所以，在早期儒家典籍中谈到仁爱时，会分别出现"亲亲为大"与"爱人为大"的不一样说法。

儒家学者对于个体生活的价值优先之序，一直是非常明确的，即亲亲之爱应该优先于博爱精神。具体而言，就是在个体生活实践面临道德价值的选择时，儒家肯定"亲亲为大"。为什么是"亲亲为大"？从早期儒家的相关论述来看，"为大"无非表明爱的重要程度和时间先后两个方面。"为大"的第一重意义，首先是指一个人对自己亲人的爱会比对他人的爱更加重要。儒家的仁是以礼为社会基础的，礼是立足于氏族血缘关系，故强调亲亲有别的社会政治规范体系。从这一表达家族血缘亲疏关系之礼提升出来的仁，自然会将亲亲之爱置入最为重要的位置，肯定"亲亲为大"之爱。所以，儒家强调亲亲之爱才是最自然的爱，亲爱是博爱的基础与源头。"为大"的第二重意义，是指一个人对自己亲人的爱会比对他人的爱更加优先，博爱是亲亲之爱推导、拓展开来的结果。个体在行仁的道德实践过程中，应该是"先亲己亲"，在孝悌的亲亲之情得到很好的培养，"然后比亲及疏"，所以儒家"亲亲为大"其实就是指在时间顺序上亲亲必须优先。

尽管儒家倡导"亲亲为大"，但儒家仁爱是需要兼顾亲爱与博爱的，所以他们总是强调通过"亲亲为大"的仁爱，进一步提升出对他人的博爱情怀。孔子说："弟子入则孝，出则弟，谨而信，泛爱众，而亲仁。"② 这一个"泛爱众"，就是从亲亲之爱中培养与拓展而来，孝悌之爱中可以

---

① 参阅《专家激辩"仁爱"与"博爱"——孔学堂秋季论辩大会》中黄玉顺的观点，《当代儒学》第 15 辑，四川人民出版社 2019 年版，第 343 页。

② 杨伯峻：《论语译注》，中华书局 1980 年版，第 4—5 页。

提升出"泛爱众"的仁爱情感，这也是儒家主张孝悌是为仁之本的根本原因。孟子也讲到人的亲亲之爱提升到人人之爱："君子之于物也，爱之而弗仁，仁之而弗亲。亲亲而仁民，仁民而爱物。"① 君子应该由"亲亲"而拓展到"仁民"，即对民众有广泛的仁爱之心。所以，唐代孔颖达就明确将"亲亲为大"的价值优先直接解释为先后之序的"行仁之法"。他说："言行仁之法，在于亲偶。欲亲偶疏人，先亲己亲，然后比亲及疏，故云'亲亲为大'。"（《十三经注疏》，第1629页）可见，作为个体道德实践的"行仁之法"，可以而且应该是"亲亲为大"。

但是，儒家学者在公共政治价值的轻重之序上，又总是充分肯定博爱高于亲亲之爱。原始儒家最初没有"博爱"的提法，但是在公共政治价值领域提出"泛爱"，明显具有"博爱"的意义。《论语·雍也》记载，子贡问老师："如有博施于民而能济众，何如？可谓仁乎？"孔子回答说："何事于仁，必也圣乎！尧舜其犹病诸！"孔子高度肯定"博施于民而能济众"的博爱行为，赞扬这是体现仁甚至是高于仁的"圣"，因为这一种公共政治领域中的仁爱实现，其仁爱实现的范围最广泛、效果最明显。在孔子的心目中，这一种爱的精神和行动当然要高于一般以亲亲为本的仁爱，所以孔子认为："何事于仁，必也圣乎！"荀子将先王的公共政治行为直接说成是"兼爱"，他说："尧让贤，以为民，泛利兼爱德施均。"（《荀子·成相》）后来儒家直接提出的"博爱"之说，基本上是延续孔子从公共政治价值意义来说，但是又将个体道德的亲亲之爱包括在内。前面引述《礼记·哀公问》所说："古之为政，爱人为大。"就是从"为政"的公共政治角度谈广泛的爱人。又如《孝经》提出"博爱"，也是将公共政治价值的政教而言："先王见教之可以化民也，是故先之以博爱，而民莫遗其亲。"②《孝经》的"博爱"是指先王让天下的百姓具有亲亲之爱。汉代以来的儒家均是以"先王""圣王"作为公共政治价值的代表和典范，进而提出"博爱"的价值意义。显然，这一种公共政治的博爱高于但是又包括个体道德的亲亲之爱。又如董仲舒以博爱言仁，也是对"圣王"的公共政治价值而言。他说："《传》曰：政有三端：父子

---

① 杨伯峻：《孟子译注》，中华书局1960年版，第322页。

② 胡平生：《孝经译注》，中华书局2009年版，第12页。

不亲，则致其爱慈；大臣不和，则敬顺其礼；百姓不安，则力其孝弟。孝弟者，所以安百姓也，力者，勉行之身以化之。天地之数，不能独以寒暑成岁，必有春夏秋冬；圣人之道，不能独以威势成政，必有教化。故曰：先之以博爱，教以仁也。"（《春秋繁露》，第 65 页）董仲舒以及汉唐儒家往往以博爱言仁，主要是以"圣王""先王"在治理国家天下时，不以威势成政，而是培养百姓以孝悌的亲亲之爱。北宋邢昺在疏解《孝经》唐玄宗《注》时，对"博爱"的解释也是这样："博，大也。言君爱亲，又施德教于人，使人皆爱其亲，不敢有恶其父母者，是博爱也。"（《十三经注疏》，第 2546 页）

但是，对于儒家来说，个体道德与公共道德总是千丝万缕联系在一起的，他们很难这样简单划分"亲亲为大"与"爱人为大"的不同空间范围。所以，有的儒家学者在论述"亲爱"与"博爱"孰为大时，又希望从时间范围上加以区别。一般而言，他们讲亲爱为大的时候，主要是指现实社会而言；而讲爱人为大时，一般是就理想社会而言。

儒家一直推崇三代政治理想，故而最初希望以一种历史哲学来解决这一问题，为亲亲为大与爱人为大的思想难题提供一个文明史的依据。儒家经典《礼记·礼运》将历史分为"大同""小康"两个时代，来表达亲亲为大与爱人为大的价值体系依据，使儒家的价值序列与上古时代的历史阶段统一起来：

> 大道之行也，与三代之英，丘未之逮也，而有志焉。大道之行也，天下为公。选贤与能，讲信修睦。故人不独亲其亲，不独子其子。使老有所终，壮有所用，幼有所长，矜寡孤独废疾者皆有所养。男有分，女有归，货恶其弃于地也，不必藏于己。力恶其不出于身也，不必为己。是故谋闭而不兴，盗窃乱贼而不作。故外户而不闭，是谓大同。今大道既隐，天下为家。各亲其亲，各子其子。货力为己。大人世及以为礼，城郭沟池以为固。礼义以为纪，以正君臣，以睦兄弟，以和夫妇，以设制度，以立田里，以贤勇智，以功为己。……是谓小康。（《礼记正义》卷二十一，第 656—661 页）

《礼运》首先肯定，历史上存在一个"大道之行也，天下为公"的

"大同"时代，那是儒家博爱价值、爱人为大的时代。所以，儒家普遍向往、追求那个"选贤与能，讲信修睦""人不独亲其亲，不独子其子"的"大同之世"，这是儒家士人群体普遍向往的社会理想和价值理想。但是，儒家承认自己所处的时代是"小康"时期，这一个时期是"大道既隐，天下为家。各亲其亲，各子其子"的时代，所以人们遵循亲亲之爱的道德实践具有合理性，儒家倡导的"礼义以为纪"，希望实现正君臣、笃父子、睦兄弟、和夫妇的社会和谐，恰恰是"大道既隐"后的"小康"之世的现实道德价值，是儒家学者从现实出发的不得已的主张。

《礼运》承认亲爱与博爱均有"为大"的合理性，一种合理性是立足于"小康"的现实，在此阶段儒家可以遵循亲亲为大的道德实践原则。另一种合理性是立足于"大同"的理想时代，儒家肯定尧舜时代的圣王体现出博爱价值，这是一个"天下为公"的时代。

当然，上述从政治（空间）与历史（时间）化解"亲爱"与"博爱"紧张的两种说法，虽然有一定的合理性，但是均有一定的缺陷。首先，从政治（空间）来考察，如果将"亲爱"与"博爱"仅仅看作是个体道德与公共政治的不同空间领域，仍然没有解决二者的矛盾，因为传统中国政治的最大特点恰恰是所谓"家国一体"，人们在公私生活实践中仍然难以明确"亲爱"与"博爱"孰为大的问题。其次，以两个历史阶段分别肯定亲爱为大与博爱为大的合理性，这一说法将"博爱"推到遥远的"大同"之世，对于现实中的人们而言，亲爱与博爱可能还是分离的。所以说，在儒家思想中，"亲爱"与"博爱"虽然一直是两个密切相关的道德价值，并一直得到儒家的普遍肯定，但是，要在价值领域将它们统一起来，仍然不是十分容易的事情。那么，后来的儒家要如何才能够将二者融通起来？

三 《西铭》融通亲爱与博爱

对早期儒家而言，究竟是亲亲为大还是爱人为大的问题，一直是一个不易解决的难题。墨家弟子夷子试图将儒家亲亲之爱与墨家兼爱结合起来，以化解这一难题，他称之为"爱无差等，施由亲始"。孟子不同意这一种表述，孟子曰："夫夷子，信以为人之亲其兄之子为若亲其邻之赤子乎？彼有取尔也。赤子匍匐将入井，非赤子之罪也。且天之生物也，使之一本，而夷子二本故也。"（《孟子·滕文公上》）孟子认为夷子的"爱无差等，施由亲始"是一种"二本"的思维，而他认定儒家的亲爱与博爱的统一其实是建立在"天之生物也，使之一本"的信念基础上。但是，孟子对此"一本"原理没有作出进一步的解释。当然，孟子的"天之生物也，使之一本"的思路，提供了一种可能性的思路，即通过"一本"应该可以建立起亲亲与泛爱融通的依据。

能够将仁爱思想中的亲亲之爱与博爱精神统一起来，建立起一套儒家形而上学的哲学体系，这恰恰是宋儒承担并完成的文化使命。宋代理学是以复兴先秦儒学、重建儒学为目的，希望将儒家的价值体系建立在坚实的形而上学基础之上。关于亲亲之爱和博爱精神的统一问题，也成为宋儒一个必须解决的重大哲学问题。宋儒需要建构一个本体论或价值信仰的哲学体系，不仅仅是确定仁爱价值体系之中亲亲与博爱何者为大，更是为儒家关于个体道德的亲爱和公共政治治理的博爱的融通建构形而上学的哲学依据。

张载在中国哲学史上的最重要贡献，就是以太虚论实现了对"天人之际"的本体诠释和义理建构。张载的太虚本体论，既传承了汉儒的气化生成论，又吸收了玄学本末、佛学体用的宇宙本体论，丰富和发展了儒家生生哲学。张载还以"合虚与气"而建构人性论，批判佛老空无人生观，发展出合乎儒家人道之实的人性论。所以，张载最终能够以"太虚之本"释天人一体，将亲亲与博爱融通起来，发展出儒家式的博爱哲学。

张载以"太虚"释天人，以"乾父坤母"释"天人一体"的思想，集中体现在他的名篇《西铭》中，历代儒家学者给予《西铭》很高评价。《西铭》一文以"乾称父，坤称母"为喻表达儒家的仁爱思想，将儒家亲亲之爱的宗法思想与民胞物与的博爱精神统一起来，并将其奠定在虚与气合一的形而上学基础之上。

《西铭》其实是儒家思想精粹的汇集，它综合了《周易》的天道观、《礼记》中的社会理想论以及《中庸》中的"天人合一"等思想。张载以简练、形象的语言，将这些思想融汇成一个有机的整体。《西铭》的主要思想如下：

乾称父，坤称母；予兹藐焉，乃浑然中处。故天地之塞，吾其体；天地之帅，吾其性。民吾同胞，物吾与也。大君者，吾父母宗子；其大臣，宗子之家相也。尊高年，所以长其长；慈孤弱，所以幼吾幼。圣其合德，贤其秀也。凡天下疲癃残疾、茕独鳏寡，皆吾兄弟之颠连而无告者也。于时保之，子之翼也；乐且不忧，纯乎孝者也。违曰悖德，害仁曰贼；济恶者不才，其践形，惟肖者也。知化则善述其事，穷神则善继其志。不愧屋漏为无忝，存心养性为匪懈。……富贵福泽，将厚吾之生也；贫贱忧戚，庸玉汝于成也。存，吾顺事；没，吾宁也。①

可以发现，这段短文凝聚了儒学的思想精粹，它似乎是非常精准地概括了儒家仁义道德精神，并将亲亲与博爱的道德观念融通起来，纳入"天人一源"的宇宙本体论体系之中。但是，由于张载在此文中以宇宙本体论的思维与语言既讲亲爱又讲博爱，使后世学者增加了许多理解上的困难。

所以，历史上儒家学者对《西铭》的核心价值是亲亲还是博爱就一直存在分歧。最初对《西铭》提出异议的是程门大弟子杨时，他认为《西铭》的核心价值是博爱，并指出这一思想会使自己父母与他人没有分别，流于墨子的兼爱，而违背了儒家亲亲为大的道德原则。但是，另有儒者则坚持认为《西铭》的核心价值仍然是儒家的亲亲之爱，是将儒家的宗法伦理拓展到宇宙而已。其实，对《西铭》是亲亲为大还是博爱为大的不同理解还延续到现代学界。一方面，许多现代学者肯定《西铭》倡导的是一种博爱精神（相当于墨子的兼爱），并因此而对张载给予高度评价。如韦政通认为："《西铭》全文最可贵的是因为它表现了'民吾同胞，物吾与也'的博爱精神。"② 这一类看法其实是杨时看法的现代版，差别是杨时对它持负面的评价，而现代学者则持正面评价。当代还有一种相反的观点，认定《西铭》的道德哲学完全是继承了儒家传统的宗法思想传统，如何炳棣《儒家宗法模式的宇宙本体论——从张载的"西铭"

---

① 张载著，章锡琛点校：《张载集》，中华书局1978年版，第62页。
② 韦政通：《中国思想史》下册，台北水牛出版社1980年版，第109页。

谈起》①，就是认定《西铭》完全是宗法伦理，作者因张载的宗法思想而对其持否定态度。

《西铭》表达的究竟应该如何解读？这是一种亲亲之爱还是博爱精神？应该说，张载的仁爱思想确实继承了儒家思想传统，其思想中是包括亲爱与博爱两个方面。

首先，《西铭》的思想确实有深厚的宗法道德基础。张载一直推崇亲亲为大的宗法制度，在《经学理窟》中有《宗法》，他说："管摄天下人心，收宗族，厚风俗，使人不忘本，须是明谱系世族与立宗子法。宗法不立，则人不知统系来处。古人亦鲜有不知来处者，宗子法废，后世尚谱牒，犹有遗风。谱牒又废，人家不知来处，无百年之家，骨肉无统，虽至亲，恩亦薄。"（《张载集》，第 258—259 页）可见张载在道德实践层面，十分强调宗法的正面意义。所以，他将世界看作是一个乾父坤母的大家庭，他倡导的仁爱也是源于这一亲亲原则，既是亲亲之爱，那么一定会有亲疏长幼的等差之别，君臣、父子、夫妻、兄弟之爱就一定有差别，自己的亲生父母与对他人父母之爱也一定有差别。事实上，张载对不顾宗法关系而导致"骨肉无统"是非常反对的。朱熹也肯定《西铭》的宗法道德，认为其思想内核就是"人物之生，血脉之属，各亲其亲，各子其子""亲疏异情，贵贱异等"（《西铭论》，《张载集》，第 410 页），均具有合理性。可见，无论是宋代的道学家，还是现代学者，他们认定《西铭》的道德哲学继承了儒家宗法思想传统，确实是有思想依据的。

但是，《西铭》更是明确倡导一种博爱精神。因为张载《西铭》道德哲学的最大特点，就是对宗法道德的突破，而倡导一种完全体现出博爱精神才会有的"民吾同胞，物吾与也""凡天下疲癃残疾、茕独鳏寡，皆吾兄弟之颠连而无告者也"。否定张载《西铭》对儒家博爱精神的继承和发展，更是没有道理的。一些学者之所以会忽视《西铭》中鲜明的博爱精神，就是因为他们的思想中有一个固定的思维模式，即宗法思想与博爱思想是截然对立而不可相容的两种思想，甚至还将宗法与专制落后等同起来，将博爱与民主进步等同起来。其实，在儒家思想传统中，亲亲

---

① 何炳棣：《儒家宗法模式的宇宙本体论——从张载的"西铭"谈起》，《哲学研究》1998年第 12 期。

与博爱并不是绝对对立的。杨时看到了《西铭》的博爱思想没有错，但是他因此而批评《西铭》的这一思想则错了；现代学者何炳棣看到《西铭》的宗法思想没有错，但是他因此而否定《西铭》包含博爱思想也错了。

关键的问题是，张载为什么能够将宗法观念的亲亲之爱与民胞物与的博爱精神统一起来？我们如果深入思考，可以发现与他以太虚本体究天人之际有关。张载之所以能够将宗法观念的亲亲之爱提升到民胞物与的博爱精神，根源于他"天人一源"的形而上学哲学体系。正如沈自彰说，《西铭》能够"包三才之广大，充其精蕴，体天人为一源"（《张子西铭题辞》，《张载集》，第412页）。张载为儒家道德提供了一个超越时空限制的哲学视野的形而上学，而他的太虚论从形而下与形而上两个层面理解仁爱，故而能够将亲爱与博爱融通起来，既保留了亲爱在形而下层面的合理性价值，又从形而上层面上肯定了博爱的崇高价值，最终通过一种形而上的哲学思考和精神境界，化解了士大夫面临亲爱与博爱的紧张。

四　太虚即气：一种仁爱形而上学

只有深入考察张载的仁爱思想就可以发现，《西铭》通过"天人一源""太虚即气"（太虚与气一体不分）的宇宙本体论思想，将宗法的亲亲之爱与民胞物与的博爱统一起来。张载《西铭》中的亲亲与博爱的融通思想，借助了《礼记·礼运》中"大同"与"小康"的思想资料。但是，汉唐经学家一直将《礼运》中"大同"与"小康"看作是两个历史阶段及其相应的价值体系。如果考察张载的《礼记说》，会发现他对《礼运》的独特理解，已经完全突破汉唐经学家的诠解，而是立足于一个形而上的哲学本体论视角。张载在《礼记说·礼运》的开篇中说："尝观《礼运》，有时混混然，若身在太虚中，意思宏大，然不能得久。"[1] 也就是说，张载理解的《礼运》，完全超越了以前的历史阶段论与不同道德

---

① 张载：《礼记说·礼运第九》，林乐昌编校：《张子全书》，西北大学出版社2015年版，第336页。

论，而是以一种"若身在太虚中"的宇宙本体意识与天地境界来理解和解释儒家仁爱思想。

《礼运》记载了"大同"与"小康"的不同历史阶段，分别具有"大道之行"与"大道既隐"的两套仁爱价值。由于张载对《礼运》以太虚本体的"大意观之"，从而将"大同"与"小康"两个阶段、两套价值融通为一。在张载的"太虚即气"宇宙论中，太虚是无形无象、无差别的本体，气构成有形有象、有差别的器物，与太虚与气相即不离一致，恰恰是礼的二重性与仁爱的二重性。张载说："礼本于天，天无形，固有无体之礼；礼有形，则明于地。明于地，则有山川、宗庙、五祀、百神，以致达于丧、祭、射、御、冠、婚、朝、聘，是见于跡也。盖礼无不在，天所自有，人以节文之也。"（《张子全书》，第 338 页）在张载的思想中，天、太虚均代表无形无象的本体，与此相关的伦理精神是无亲疏差别的"大同"之世，与之对应的价值理想是博爱精神、无形之礼；而地、气物则是有形有象的世界，相关的伦理精神是有亲疏差别的"小康"，与之对应的是亲亲之爱、有形之礼。正如张载的太虚与气是相即不离一样，他心目中的大同与小康、大道与礼义、尧舜与六君子（禹、汤、文、武、成王、周公）同样是能够融通的。张载认为，三代时期尧舜之所以能够"大道之行"，是因为"若夫大道之行，则礼义沛然。'大道之行'，游心于形跡之外，不假规规然。"（《张子全书》，第 336 页）他认为体现大同价值的"大道"与体现小康伦理的"礼义"是不排斥的，"大道之行"无非是尧舜能够"游心于形跡之外"，此形迹就是有形之礼。另一方面，六君子虽然生于"大道既隐"之后，而又不得不以礼义为纪，但是其目标仍然是"达其大者也"，他说："六君子所以急于礼者，欲至乎大同也。尧舜之治，若此莫不本诸礼义。'大道既隐'，由暴君以坏之也。然而使尧、舜承桀、纣之后，亦当以礼义为纪。六君子居尧舜之时，是亦大同之治也。"（《张子全书》，第 337 页）可见，"小康"之世的六君子，仍然希望通过礼义以达到"大同"的道德境界。在张载的思想世界中，"大同"与"小康"是完全可以，而且应该融通为一的。

如何能够在现实道德实践中将"大同"与"小康"、"大道之行"与"大道既隐"、"各亲其亲"与"不独亲其亲"融通为一呢？张载是以儒家的境界形而上学解决这一难题，他说："'各亲其亲，各子其子'，亦不害于不独亲不独子。止是各亲各子者，恩差狭。至于顺达之后，则不独亲其亲，不独子其子。既曰不独亲亲子子，则固先亲其亲，子其子矣。"（《张子全书》，第337页）张载认为，各亲其亲、各子其子与不独亲其亲、不独子其子二者并不是不相容的，它们完全可以融通的。只是那些精神境界"差狭"的人总是停留在各亲其亲、各子其子的阶段，而对于那些能够上达形而上境界的"顺达"者而言，则可以进一步从各亲其亲、各子其子走向不独亲其亲，不独子其子。如何才能够"顺达"？张载认为："圣人富之，固有其术。其教之，又深顺达，大道之行也。"（《张子全书》，第336页）"大道之行"必须按照孔子"教之"为本的原则，进一步提升人的道德境界，使人从各亲其亲、各子其子提升到不独亲其亲、不独子其子的道德境界，即"顺达"至"游心于形跡之外"的精神境界，这也就是"民胞物与"的博爱境界。所以，张载所讲的"大心"也就是为实现"顺达"而实施的"教之"工夫，他说："大其心则能体天下之物，物有未体，则心为有外。"（《张载集》，第24页）一个能够"大其心"的人，能够"视天下无一物非我"，当然也就是"不独亲其亲，不独子其子"的博爱者。可见，《西铭》的亲亲之爱与博爱精神能够融通，是因为张载从"若身在太虚中意思"的"宏大"形而上境界出发，故而能够将"小康"与"大同"、亲亲之爱与博爱精神融通起来，从而创建出一种儒家式的博爱。应该说，这是一种建立在亲亲之爱基础上的博爱，它是一种比墨家高调兼爱更加亲切可行的博爱，也是一种以形而上太虚境界为依据的博爱。

由此可见，虽然《西铭》的博爱源于《礼记·礼运》中的"大道之行也，天下为公"，《西铭》的博爱思想包括"民吾同胞，物吾与也""尊高年，所以长其长；慈孤弱，所以幼吾幼""凡天下之疲癃残疾，茕独鳏寡，皆吾兄弟之颠连而无告者也"等，均是对《礼运》"大同"思想的继承。但是张载对《礼运》"大同"思想作出了重大理论发展，他将博爱精神建立在"天人同源"的太虚本体论基础之上。从宇宙本体论角度看，"太虚"与"气"是一体不分的，故而人类能够通过"德性之知""明诚"工夫，在"其聚其散，变化之客形"的气物世界中获得对"太虚"之体的理性认知；也可以通过"大心""神化"工夫而直接体认太虚之体，故而可以超越亲亲、礼义的等差，具有一种"民胞物与"的博爱精神境界。

由此可见，张载对儒家"大同"思想、博爱精神作出了重大理论发展，为儒家建构了一种仁爱的形而上学，这一形而上学既是知识论的，也是境界论的。张载作为儒家仁爱形而上学的重要建构者，他的仁爱思想在儒学史上具有重要的理论意义。其一，《礼运》将"大同"与"小康"作了阶段的划分，其实也是将博爱与亲爱作了时间的划分，而张载的仁爱形而上能够融通"大同"与"小康"、博爱与亲爱，这样就从哲学本体论高度打破了原来《礼运》篇"大同"与"小康"的时间分割，只要达到太虚境界者，即可将亲亲之爱与博爱融通为一。其二，张载以形而上精神境界作为博爱实现的条件，也同样可以打破将博爱局限于公共生活的思想传统，任何达到太虚精神境界的人，在个体生活与公共生活的不同空间范围均可以融通亲爱与博爱。其三，张载坚持"太虚即气"（太虚与气一体不分）的宇宙本体论思想，故而能够将亲爱与博爱的融通建立在形而上学的哲学基础上。一方面，他从本体论高度讲"太虚不能无气"（《张载集》，第 7 页），故而从道德实践角度讲博爱不能够离开亲爱，从而充分肯定亲爱比博爱更亲切可行的价值特点；另一方面，他从宇宙本体论高度讲"太虚无形，气之本体"（《张载集》，第 7 页），显然"太虚"比"气"更为根本，那么在价值体系的序列之中，"太虚"境界的博爱精神就比局限"形气"亲疏分别的亲爱更具超越性与崇高感，故而更值得为这一精神境界去努力与奋斗。

五　结论

儒家仁爱思想包含亲爱与博爱的不同类型的爱，亲爱与博爱孰为大一直是一个有着思想矛盾与道德冲突问题。早期儒家从政治和历史的不同视域肯定二者的合理性。他们或者从空间上将其看作是个体生活与公共生活的不同实践领域，或者从时间上将其看作是小康与大同的不同历史阶段。以张载为代表的宋儒为儒家仁爱思想提供了一个超越时空限制的形而上学，对这一问题作出了有哲学深度的思想建构。张载的"太虚即气"论，能够从形而下与形而上的一体不分理解仁爱，从而能够将亲爱与博爱融通起来，既保留了亲爱在形而下层面的合理性价值，又从形而上层面上肯定了博爱的崇高价值。张载推出的"太虚即气"的本体论，不仅能够从哲学层面化解亲爱与博爱的紧张，更是为儒家仁爱思想的丰富内涵奠定了形而上学的哲学依据。

（本文原载《天津社会科学》2023 年第 2 期）

从"精义入神"到"皇帝王霸"：邵雍历史哲学与政治思想的逻辑结构与整体风貌[*]

范立舟

（杭州师范大学人文学院）

摘　要： 邵雍对中国历史的演变及其动因有着独特认识，其政治评判价值标准也呈现出完全契合理学的面相。邵雍对历史演进的解释，与他的宇宙观完全相符合。元、会、世、运是对线性时间的切割与分解，也是邵雍对历史时段的分析段落。他的政治思想，首先体现在他的历史认知与历史哲学上。在对历史哲学的阐述过程中，在对古今历史事件、历史制度、历史人物的评判过程中展现出来。在各个历史阶段，尽管均体现着儒家的文化与道德价值——"仁""礼""义""智"，同时也反映出"道""德""功""力"的实际效用。由此呈现出"皇""帝""王""伯"四个层级。在邵雍构思的历史与政治世界里，善良意志扮演着绝对的主角，而善良意志能力的第一个角色，就是实践理性和道德感。离开善良意志，正义以及政治世界的全部价值便会烟消云散。

关键词： 宋；邵雍；历史哲学；政治思想；儒家

＊ 基金项目：2020 年国家社会科学基金后期资助重点项目"北宋五子政治思想研究"（20FZSA001）的阶段性研究成果。

四库馆臣曾说："圣人觉世牖民，大抵因事以寓教。《诗》寓于风谣，《礼》寓于节文。《尚书》、《春秋》寓于史，而《易》则寓于卜筮。故《易》之为书，推天道以明人事者也。"① 作为北宋象数《易》学大师的邵雍，以《周易》为观察世界与人类活动的基点，观天地生物，推阴阳消长，"本诸天道，质以人事"②，不停留或局限于形而上学的冥思，而是放诸"观物"，"穷意言象数之蕴，明皇帝王霸之道"（《（邵雍）行状略》，第451 页），"观天地之消长，推日月之盈缩，考阴阳之度数，察刚柔之形体。故经之以元，纪之以会，参之以运，终之以世"［《（邵雍）行状略》，第451 页］，倡行明体达用之学，深究"天道之变，王道之权"［《（邵雍）行状略》，第451 页］，"邵子内圣外王之学，其于天地万物之理。究极蕴奥，古今治乱兴废之由，洞如指掌"③。其对历史哲学与政治思想的理解也是独特的和有特殊价值的。

一 邵雍对中国历史的认识及其政治评判价值标准的建立

陶希圣将北宋之一统与整治看作是"王权再建期"之开端。陶氏总结了自宋至清的社会与政治演化特征，认为"王权再建期是绝对主义的君主和官僚组织，从士族身份与教会的统治社会里，发达到一个高峰，将要转入人民革命的过程的时期。在这时期里，乡村里大地主的庄园继续发达。手工业的独立发达，国内商业的突进，国际商业的扩大，使各地大都市尤其是长江及东南沿海的都市，或继续猛进，或开始繁荣。乡村大地主与都市工商业家交互影响。贸易上的独占及闭关主义自由主义竞争，在两种势力之上，有绝对的官僚组织，以君主为首领而存在。政治思想以尊王为中心来发展。随世俗的王权的成熟，精神的教权转而隶

---

① （清）永瑢等撰：《四库全书总目》卷一，经部一《易》类一，中华书局1965年版，第1页。

② （宋）朱熹编：《伊洛渊源录》卷五《康节先生》，张岷：《（邵雍）行状略》，文渊阁四库全书本，第448册，第451页。

③ （清）王植：《皇极经世书解》卷首《书意》，文渊阁《四库全书》本，上海古籍出版社1987年影印本，第805册，第248页。

属于王权之下，教会渐失特权，因之，宗教思想也失去支配的地位。儒学以崭新的系统，再度兴盛。自由思想随起随仆"①。邵雍所生活的北宋中期，即真、仁、英、神四帝在位时期，由于政局相对稳定，生产力得以持续发展，经济的成长得到相应的保障。史称此时段内"吏治若偷惰，而任事蒸残刻之人；刑法似纵弛，而决狱多平允之士。国未尝无弊幸，而不足以累治世之体；朝未尝无小人，而不足以胜善类之气。君臣上下恻怛之心，忠厚之政，有以培壅宋三百余年之基"②。首都开封府和西京洛阳府在工商业的推动下一派繁华的景象。对有宋立国后的政治格局，邵雍有着高度的评价：

> 康节先公谓本朝五事，自唐虞而下所未有者：一、革命之日，市不易肆；二、克服天下在即位后；三、未尝杀一无罪；四、百年方四叶；五、百年无心腹患。故《观盛化诗》曰："纷纷五代乱离间，一旦云开复见天。草木百年新雨露，车书万里旧山川。寻常巷陌犹簪绂，取次园亭亦管弦。人老太平春未老，莺花无害日高眠。"又曰："吾曹养拙赖明时，为幸居多宁不知。天下英才中遁迹，人间好景处开眉。生来只惯见丰稔，老去未尝经乱离。五事历将前代举，帝尧而下固无之。"③

史家一般都会对经济文化繁荣、政治稳定清明的历史时期冠之以当时帝王的谥号或年号后加"之治"两字予以肯定。在仁宗最后使用的年号嘉祐时期（1056—1063），其治理业绩已然得到当时与后世的由衷赞誉。"宋兴一百五十余载矣，号称太平，飨国长久，遗民至今思之者，莫如仁宗皇帝。臣窃尝考致治之本，亦不过于开纳直言，善御群臣，贤必进，邪必退。"④"庆历、嘉祐之治，为本朝甚盛之时，远过汉、唐，几

---

① 陶希圣：《中国政治思想史》，中国大百科全书出版社 2011 年版，第 752 页。
② （元）脱脱等撰：《宋史》卷十二《仁宗纪四》，中华书局 1977 年版，第 251 页。
③ （宋）邵伯温：《邵氏闻见录》卷十八，李剑雄、刘德权点校，中华书局 1983 年版，第 196 页。
④ （宋）赵汝愚编：《宋朝诸臣奏议》卷十七，见陈师锡：《上徽宗论任贤去邪在于果断》，北京大学中国中古史研究中心校点整理，上海古籍出版社 1999 年版，第 160 页。

有三代之风。"（《宋朝诸臣奏议》卷十七，第160页）① 邵雍尽管对当代政治的看法有着与二程等人不太一样的理解，在肯定北宋政治权力合法性的同时，也肯定政治治理的正当性和有效性。但是，这并不意味着邵雍缺乏批判性的政治意见与提出理想政治的圭臬作为反观时代政治局面的镜像，与理学政治思想的一般模式一样，邵雍对政治的见解往往从历史的认识入手。

邵雍对中国历史演进过程的理解，首先体现在阶段性的划分上：

> 元之元，以春行春之时也。元之会，以春行夏之时也。元之运，以春行秋之时也。元之世，以春行冬之时也。会之元，以夏行春之时也。会之会，以夏行夏之时也。会之运，以夏行秋之时也。会之世，以夏行冬之时也。运之元，以秋行春之时也。运之会，以秋行夏之时也。运之运，以秋行秋之时也。运之世，以秋行冬之时也。世之元，以冬行春之时也。世之会，以冬行夏之时也。世之运，以冬行秋之时也。世之世，以冬行冬之时也。皇之皇，以道行道之事也。皇之帝，以道行德之事也。皇之王，以道行功之事也。皇之伯，以道行力之事也。帝之皇，以德行道之事也。帝之帝，以德行德之事也。帝之王，以德行功之事也。帝之伯，以德行力之事也。王之皇，以功行道之事也。王之帝，以功行德之事也。王之王，以功行功之事也。王之伯，以功行力之事也。伯之皇，以力行道之事也。伯之帝，以力行德之事也。伯之王，以力行功之事也。伯之伯，以力行力之事也。时有消长，事有因革，非圣人无不尽之，所以仲尼曰："可与共学，未可与适道；可与适道，未可与立；可与立，未可与权。"是知千万世之时，千万世之经，岂可画地而轻言也。②

人类生活在一个叫作"元"的世界里，"一元"的具体年月是

---

① 曹家齐认为，"嘉祐之治"的说法是荆公新法受挫后的徽宗即位之初出现的，旧党人士通过追忆仁宗宽平之政来反对荆公新法，所以不乏怀旧之意绪。我们也可以从中窥测北宋中期相对宽和、平静的政治局面以及导致这种局面的太祖、太宗"开国气象"对士大夫精神世界的强大影响与政治态度的形塑。参见曹家齐《"嘉祐之治"问题探论》，《学术月刊》2004年第9期。

② （宋）邵雍：《皇极经世》卷十一《观物篇六十》，载《邵雍全集》，第1169—1170页。

129600 年。如果将"一元"比作一年，则一年中有春、夏、秋、冬四季之分别，而对应这种类似于自然季候分别的，是统治手段与统治实效的四种区别：道、德、功、力：

> 仲尼曰："善人为邦百年，亦可以胜残去杀。"诚哉是言也。自极乱至于极治，必三变矣。三皇之法无杀，五伯之法无生。伯一变，至于王矣；王一变，至于帝矣；帝一变，至于皇矣。其于生也，非百年而何？是知三皇之世如春，五帝之世如夏，三王之世如秋，五伯之世如冬。如春，温如也；如夏，燠如也；如秋，凄如也；如冬，冽如也。（《邵雍全集》，第 1167 页）

这四种对应的统治手段与统治实效也可以用《易》《书》《诗》《春秋》四者去看待它们：

> 春、夏、秋、冬者，昊天之时也。《易》、《书》、《诗》、《春秋》者，圣人之经也。天时不差，则岁功成矣。圣经不忒，则君德成矣。天有常时，圣有常经，行之正则正矣，行之邪则邪矣。邪正之间，有道在焉。行之正则谓之正道，行之邪则谓之邪道。邪正之由人乎？由天乎？天由道而生，地由道而成，物由道而行。天、地、人、物则异也，其于由道一也。夫道也者，道也。道无形，行之则见于事矣。如道路之道坦然，使千亿万年行之，人知其归者也。（《邵雍全集》，第 1167—1168 页）

这四种对应的统治手段与统治实效也可以用意、言、象、数四种理解世界的视角、仁、礼、义、智四类道德的品性与圣、贤、才、术四种人格范型去看待它们：

> 修夫意者，三皇之谓也。修夫言者，五帝之谓也。修夫象者，三王之谓也。修夫数者，五伯之谓也。修夫仁者，有虞之谓也。修夫礼者，有夏之谓也。修夫义者，有商之谓也。修夫智者，有周之谓也。（《邵雍全集》，第 1152 页）

> 皇帝王伯者，《易》之体也。虞夏商周者，《书》之体也。文武周召者，《诗》之体也。秦晋齐楚者，《春秋》之体也。意言象数者，《易》之用也。仁义礼智者，《书》之用也。性情形体者，《诗》之用也。圣贤才术者，《春秋》之用也。(《邵雍全集》，第1152—1153页)

邵雍对历史演进的解释，与他的宇宙观完全相契合。元、会、世、运是对线性时间的切割与分解，也是邵雍对历史时段的分析段落。他编制的中国历史图谱，以129600年为一个循环单位，"天地如盖轸，覆载何高极。日月如磨蚁，往来无休息。上下之岁年，其数难窥测。且以一元言，其理尚可识。一十有二万，九千余六百。中间三千年，迄今之陈迹。治乱与废兴，著见于方策。吾能一贯之，皆如身所历"①。邵雍的政治思想，首先体现在他的历史认知与历史哲学上。在对历史哲学的阐述过程中，在对古今历史事件、历史制度、历史人物的评判过程中展现自己的政治思想。即所谓"弥纶天地，出入造化，进退古今，表里人物"(《邵雍全集》，第1149页)。而人类文明史的演变，不过只是"中间三千年，迄今之陈迹"，如果以春夏秋冬来对应历史，则历史表现为皇帝王伯四个时期：

> 三皇春也，五帝夏也，三王秋也，五伯冬也。七国冬之余列也。汉王而不足，晋伯而有余。三国伯之雄奇者也。十六国伯之丛者也。南五代伯之借乘也。北五代伯之传舍也。隋，晋之子也；唐，汉之弟也。隋季诸郡之伯，江汉之余波也。唐季诸镇之伯，日月之余光也。后五代之伯，日未出之星也。(《邵雍全集》，第1170—1171页)

在这里，邵雍非常明显地展示了自己对政治价值的认识与评判，这种认识与评判取决于他对道德程度的认识与评判。皇、帝、王、伯作为四种政治形式在政治价值上呈现出一种递减的态势。而政治价值的实质内涵就在于存在"正道"与"邪道"之分别。"不曰君行君事，臣行臣

---

① （宋）邵雍：《伊川击壤集》卷十三《皇极经世一元吟》，载《邵雍集》，郭彧整理，中华书局2010年版，第392页。

事，父行父事，子行子事，夫行夫事，妻行妻事，君子行君子事，小人行小人事，中国行中国事，夷狄行夷狄事，谓之正道。君行臣事，臣行君事，父行子事，子行父事，夫行妻事，妻行夫事，君子行小人事，小人行君子事，中国行夷狄事，夷狄行中国事，谓之邪道。"（《邵雍全集》，第 1168 页）背离"正道"（即儒家纲常伦理之道）是文明堕落的开始，也是堕落的根本原因。"正道"与"邪道"的消长关系的支配性力量就在于"道"的沉浮。因此，我们可以指责他的元会运世的自然史和皇帝王伯的文明史是宿命论和循环论，但不能否定其背后的支配性的精神，对这种支配性精神的肯定，就是邵雍历史哲学与政治思想的精蕴所在。故而，诸如"宇宙万物既为象数所支配，则人类之政治生活亦依据象数而有一定之形式规律"①。邵雍政治哲学"貌似富有条理，而实牵强附会，甚至毫无意义"②。实不足以平邵雍之心。因为既然支配文明史运行的"道"，则回归与弘扬"正道"即是政治生命的第一大节目。"王""伯"事业固然悲催，"皇""帝"事业未尝不可以回复。"古者谓三十年为一世，岂徒然哉？俟化之必洽，教之必浃，民之情始，可一变矣。苟有命世之人，继世而兴焉，则虽民如夷狄，三变而帝道可举。惜乎，时无百年之世，世无百年之人，比其有代，则贤之与不肖，何止于相半也。时之难，不其然乎？人之难，不其然乎？"（《邵雍全集》，第 1171 页）儒家的文化价值与精神价值才是决定世运的关键要素，要随时体认、恪守、回归这种精神价值。中国历史上的循环论，在孟子那里就有"五百年必有王者兴"的说法③，战国齐人邹衍那里又有"五德终始说"④，《吕氏春秋》则承袭邹衍之说⑤，东汉王充又承袭孟子之说，视历史犹如一类生命有机体，一乱一治，循环往复⑥。邵雍这里，尽管宇宙万物人事包括历史的发展轨迹受到

---

① 萧公权：《中国政治思想史》，商务印书馆 2011 年版，第 461 页。

② 萧公权：《中国政治思想史》，商务印书馆 2011 年版，第 462 页。

③ 参见（汉）赵岐注、（宋）孙奭疏《孟子注疏》卷四下《公孙丑下》，载（清）阮元校订《十三经注疏》，中华书局 1980 年版，第 2699 页下。

④ （汉）司马迁：《史记》卷七十四《孟子荀卿列传》，中华书局 1959 年版，第 2344 页。

⑤ 《吕氏春秋》卷十三《应同》，载《诸子集成》（第 6 册），上海书店 1986 年版，第 128—129 页。

⑥ （汉）王充：《论衡·治期篇》，载《诸子集成》（第 7 册），上海书店 1986 年版，第 174—177 页。

某种神秘元素的影响，但从根本上讲，其中支配性的力量依然是儒家道德的精神价值。

二　邵雍对本朝的肯定及其圣贤政治的论证

邵雍既然相信历史有其内在的变化动力，自然就肯定历史的变化现象。他既然说"唐季诸镇之伯，日月之余光也。后五代之伯，日未出之星也"，就意味着高度认可有宋立国之荣光，五代是星辰，则大宋如皥阳之出。

邵雍对天水一朝政治地位之论定已见上文，而对皇朝之歌颂并非简单的阿谀之词，更深的潜台词在于在肯定历史地位的同时，为本朝添加政治责任。这样的说法，事实上就确定了一种前提预设：那就是历史的演进，政治的治乱盛衰，自有其内在的演变法则，政治家的治理思路要因应时代的变迁，回应时代的要求："为治之道，必通其变，不可以胶柱，犹春之时不可行冬之令也。"（《邵雍全集》，第1209页）邵雍承认时代变迁的客观性和正当性，并认为要遵循《周易》"唯变所适"的主张，政治与历史的变迁是由宇宙、自然的变迁所决定的、所支配的：

> 阴阳生而分两仪，二仪交而生四象，四象交而成八卦，八卦交而生万物。故二仪生天地之类，四象定天地之体。四象生日月之类，八卦定日月之体。八卦生万物之类，重卦定万物之体。类者，生之序也。体者，象之交也。推类者必本乎生，观体者必由乎象。生则未来而逆推，象则既成而顺观。是故日月一类物，同出而异处也，异处而同象也。推此以往，物焉逃哉。（《邵雍全集》，第1200页）

> 有变则必有应也。故变于内者应于外，变于外者应于内，变于下者应于上，变于上者应于下也。天变而日应之，故变者从天而应者法日也。是以日纪乎星，月会于辰，水生于土，火潜于石，飞者栖木，走者依草，心肺之相联，肝胆之相属。无它，应变之道也。（《邵雍全集》，第1200—1201页）

邵雍肯定世界的变化之理。认为"太极"是变化之终极动因，"动静""阴阳"则是驱动变化的媒介，六十四卦是宇宙万物演变程序之表征。"复"卦之"初九"为一阳始生，也就是代表着万物始生之象。由是而阳盛阴衰，至"乾"卦而臻于极致。阳极而阴生，一阴生于"姤"卦生，"姤"卦之初六为一阴始生，阴长阳消，至"坤"卦而极。由是阳再生，成住坏灭，循环往复，周而复始，运行无穷。他试图通过自然的运动规律的揭示，以类证历史文化有着相同的变迁轨迹。邵雍把人类历史与他所理解的自然历史作了对应性的匹配，"邵雍分古今政治为'皇、帝、王、霸'四种，而以之配合于天时、经书、道德、性情等事以成一神秘之政治哲学"①。在这种叙述过程中，邵雍所设定的古今政治局面在地位上是不对等的，"皇、帝、王、霸"有着极大的等差：

> 善化天下者，止于尽道而已。善教天下者，止于尽德而已。善劝天下者，止于尽功而已。善率天下者，止于尽力而已。以道德功力为化者，乃谓之皇矣。以道德功力为教者，乃谓之帝矣。以道德功力为劝者，乃谓之王矣。以道德功力为率者，乃谓之伯矣。（《邵雍全集》，第 1155 页）

在各个历史阶段，尽管均体现着儒家的文化与道德价值——"仁""礼""义""智"，但是却反映出"道""德""功""力"的实际效用。由此呈现出"皇""帝""王""伯"四个层级，最高的政治治理境界与最佳的实际效用是"三皇"：

> 以道化民者，民亦以道归之，故尚自然。夫自然者，无为无有之谓也。无为者，非不谓也，不固为者也。故能广。无有者，非不有也，不固有者也。故能大。广大悉备而不固为、固有者，其惟三皇乎？是故知能以道化天下者，天下亦以道归焉。所以圣人有言曰："我无为而民自化，我无事而民自富，我好静而民自正，我无欲而民自朴。"（《邵雍全集》，第 1155 页）

---

① 萧公权：《中国政治思想史》，商务印书馆 2011 年版，第 461 页。

"自然"与"无为"既是政治手段也是政治目的,它们是"以道化民"的境界。其次则是"五帝":

> 三皇同仁而异化,五帝同礼而异教,三王同义而异劝,五伯同智而异率。同礼而异教者必以德。以德教民者,民亦以德归之,故尚让。夫让也者,先人后己之谓也。以天下授人而不为轻,若素无之也。受人之天下而不为重,若素有之也。若素无素有者,谓不己无己有之也。若己无己有,则举一毛以取与于人,犹有贪鄙之心生焉,而况天下者乎?能知其天下之天下非己之天下者,其惟五帝乎!是故知能以德教天下者,天下亦以德归焉。所以圣人有言曰:"垂衣裳而天下治,盖取诸乾坤。"其斯之谓欤?(《邵雍全集》,第1153页)

"五帝"之所以较之"三皇"低一层级,那是因为后者是"以道化民",所以过程自然,民"以道归"而无有勉强之感受。前者的政治生态特点是"尚让",这就容易事实上也会产生人为做作的痕迹。等而下之"三王"之理想是:

> 以功劝民者,民亦以功归之,故尚政。夫政也者,正也。以正正夫不正之谓也。天下之正,莫如利民焉。天下之不正,莫如害民焉。能利民者,正则谓之曰王矣。能害民者不正,则谓之曰贼矣。以利除害,安有去王耶?以王去贼,安有弑君耶?是故知王者正也,能以功正天下之不正者,天下亦以功归焉。所以圣人有言曰:"天地革而四时成焉。汤武革命,顺乎天而应乎人。"其斯之谓欤?(《邵雍全集》,第1154页)

"三王"的政治生态特点是"尚政",也就是简洁、清晰、有效的政治治理,而这种治理的前提(充分)条件是领导人的表率作用——"正也"。这在孔子那里就有了充足的阐述,政治领导人的表率作用在孔子看来是至关重要的。所谓"人心正,由君德正之"①,讲的就是这个道理。

---

① (唐)李隆基注、(宋)邢昺疏:《孝经注疏》卷六《广要道章第十二》,载(清)阮元校订《十三经注疏》,中华书局1980年版,第2556页中。

这种类型的政治治理，带有相当大的"勉强"的意味，它需要政治领导人不间断的持续努力所起到的标杆示范作用。最后，也是最低价值的政治模型是"五霸（伯）"：

> 以力率民者，民亦以力归之，故尚争。夫争也者，争夫利者也。取与利不以义，然后谓之争。小争交以言，大争交以兵。争夫强者也，犹借夫名也者，谓之曲直。名也者，命物正事之称也。利也者，养人成务之具也。名不以仁，无以守业。利不以义，无以居功。名不以功居，利不以业守，则乱矣，民所以必争之也。五伯者，借虚名以争实利者也。帝不足则王，王不足则伯，伯又不足则夷狄矣。若然，则五伯不谓无功于中国，语其王则未也，过夷狄则远矣。周之东迁，文武之功德于是乎尽矣，犹能维持二十四君，王室不绝如线，夷狄不敢屠害中原者，由五伯借名之力也。是故知能以力率天下者，天下亦以力归焉。所以圣人有言曰："眇能视，跛能履。履虎尾，咥人，凶。武人为于大君。"其斯之谓欤？（《邵雍全集》，第 1154—1155 页）

邵雍明晰地论定"皇""帝""王""伯"四种政治模型价值的高低。萧公权觉得其中有不可思议者，"邵氏以皇帝王伯分当春夏秋冬，已嫌牵强矣。矧四时周而复始，终冬必再至于春。五伯之后，岂更有三皇继之乎？其不可通者一也"①。事实上，邵雍已经明确地讲过，"后五代之伯，日未出之星也"。由此把政治正统（政权合法性）许给了赵宋。赵宋即是驱散星宿光影的一轮太阳。"自帝尧至于今，上下三千余年，前后百有余世，书传可明纪者，四海之内，九州之间，其间或合或离，或治或隳，或强或嬴，或唱或随，未始有兼世而能一其风俗者。"（《邵雍全集》，第 1171 页）他把期许推给了赵宋王朝。

然而，盛世的再现是需要大量条件的。仅仅依靠循环论并不能解决问题。盛世的出现需要有圣人的显现，需要皇道和帝德，而这一切也并非可望而不可即的虚妄，他有着极高的可能性。"皇帝王霸者，非独谓三

---

① 萧公权：《中国政治思想史》，商务印书馆 2011 年版，第 462 页。

皇、五帝、三王、五霸而已，但用无为则皇也，用恩信则帝也，用公正则王也，用智力则霸也。"（《邵雍全集》，第1229页）主观的期望就是奋进者的动力和目的。圣人是人伦表率，也是塑造理想政治典范的关键人物。早在先秦时期，中国主流文化就形成了后世重伦理价值的特性，陈来说："从春秋思想文化的发展来看，有如下渐进的发展：承继着西周文化发展趋向，充满了实证精神的、理性的、世俗的对世界的解释越来越重要，而逐渐忽视宗教的信仰、各种神力和传统的神圣叙事。宗教性和非宗教性的仪典形式逐渐让位于德性精神的强调，礼仪文化逐渐转化，形式化的仪典文明逐渐转变为理性的政治思考和道德思考。"① 儒家对圣人的构思，充斥着实用理性的内涵，也充斥着伦理道德的意绪。圣人具备着睿智，"儒者论圣人，以为前知千岁，后知万世，有独见之明，独听之聪，事来则名，不学自知，不问自晓，故称圣则神矣。若蓍龟之知吉凶，蓍草称神，龟称灵矣"（《论衡·实知篇》，第252页）。同时，圣人也具有常人所不能及的品德，"诚者，不勉而中，不思而得，从容中道，圣人也"②。"唯天下至圣，为能聪明睿知，足以有临也。宽裕温柔，足以有容也。发强刚毅，足以有执也。齐庄中正，足以有敬也。文理密察，足以有别也。"（《中庸章句》，第38页）最后，毫无疑问地，圣人是文明社会的生产生活规范的创制者和秩序的维护者，"圣人有以见天下之赜，而拟诸其形容，象其物宜，是故谓之象。圣人有以见天下之动，而观其会通，以行其典礼，系辞焉以断其吉凶，是故谓之爻"③。圣人完美地体现着人的价值，政治价值的确立和裁判、政治的内在标准与价值尺度都掌握在圣人的手中，他是"先王"事业的不可动摇的继承者，他赋予这种事业以崇高的意义，他规定了政治所应当遵循的方向和应当追求的目标。他既是伦理秩序的建构者，也是政治秩序的建立者和捍卫者。"可以赞天地之化育，则可以与天地参矣。"（《中庸章句》，第32页）邵雍对圣人的理解，沿袭了前秦以来的儒家传统，他对圣人的政治功能作出了全面的肯定：

---

① 陈来：《古代思想文化的世界：春秋时代的宗教、伦理与社会思想》，生活·读书·新知三联书店2002年版，第10—11页。

② （宋）朱熹：《四书章句集注·中庸章句》，中华书局1983年版，第31页。

③ （晋）韩康伯注，（唐）孔颖达校：《周易正义》卷七《系辞传上》，载（清）阮元校订《十三经注疏》，中华书局1986年版，第79页上一中。

天之能尽物，则谓之曰昊天。人之能尽民，则谓之曰圣人。谓昊天能异乎万物，则非所以谓之昊天也。谓圣人能异乎万民，则非所以谓之圣人也。万民与万物同，则圣人固不异乎昊天者矣。然则圣人与昊天为一道，圣人与昊天为一道，则万民与万物亦可以为一道。一世之万民与一世之万物亦可以为一道，则万世之万民与万世之万物亦可以为一道也，明矣。（《邵雍全集》，第 1150—1151 页）

邵雍的圣人论，将圣人披上了"理想人格"与"道德境界"的内涵，"圣人"作为"王者"，天然地承担着"治国平天下"的政治角色。圣人是"德""智"的化身，尤其是对前者强调，这在宋代理学里得到了特别的关注，邵雍也是一样，圣人之所以为圣人，是因为"其能以一心观万心，一身观万身，一物观万物，一世观万世者焉。又谓其能以心代天意，口代天言，手代天功，身代天事者焉。又谓其能以上识天时，下尽地理，中徇物情，通尽人事者焉。又谓其能以弥纶天地，出入造化，进退古今，表里时事者焉"（《邵雍全集》，第 1149 页）。邵雍认定"皇""帝"之道可以回复，但三千余年的文明史所昭示给我们的是"治世少而乱世多"，"君子少而小人多"（《邵雍全集》，第 1168 页），其根本原因在邵雍看来只能是圣人的缺位。"圣人者，非世世而效圣焉，吾不得而目见之也。"（《邵雍全集》，第 1149 页）一方面，圣人的德性圆满自足；另一方面，圣人的才智超凡入圣。邵雍不认同将"外王"功业从圣人意境中剥离的做法，因为那样，就会有损于圣人的形象与功用。"圣人不能专凭其是圣人即能做事，但可以专凭其是圣人，即能做王。而且严格地说，只有圣人，最宜于做王。所谓王，指社会的最高底首领。"① 对圣人之"德性"的充分肯定，不意味着不承认或否定圣人的"功业"，圣人的政治成就是证明其存在价值的表证。因为不把"内圣"的个人行为转化为"外王"的社会行为，"外王"事业不获取社会性的成功，很难取得人民的普遍的认同，而这样一来，政治权力的合法性问题又会凸显出来。所以，邵雍主张"天主用，地主体，圣人主用，百姓主体，故'日用而不知'"（《邵雍全集》，第 1235 页）。圣人缺位的结果，就意味着实用理性的缺位。他对圣人的推崇，根本上说

---

① 冯友兰：《三松堂全集》（第 2 版）第 5 卷，河南人民出版社 2001 年版，第 137 页。

是对道德理性的推崇，"夫变也者，昊天生万物之谓也；权也者，圣人生万民之谓也。非生物非生民，而得谓之权变乎？"（《邵雍全集》，第1155页）"天地生万物，圣人生万民。"（《邵雍全集》，第1217页）"圣人利物而无我。"（《邵雍全集》，第1220页）圣人被赋予博施济众的功用，以养育万民作为其神圣使命。

邵雍强调圣人的政治地位与政治功能，自然也强调贤人（才）的作用，强调贤人（才）在政治治理过程中的角色地位。"皋陶遇舜，伊尹逢汤，武丁得傅，文王获姜，齐知管仲，汉识张良，诸葛开蜀，玄龄启唐。"（《邵雍集》，第442页）"贤人好正，奸人好邪。好邪则竞，好正则和。"（《邵雍集》，第410页）圣人经营的事业没有贤人的参与和赞助，其成功的可能性很小。邪与正相伴而生，贤人与小人相伴而生，君子与小人相伴而生，这在邵雍看来是十分正常的情况，"天与人相为表里，天有阴阳，人有邪正，邪正之由，系乎上之所好也。上好德则民用正，上好佞则民用邪。邪正之由，有自来矣。虽圣君在上不能无小人，是难其为小人。虽庸君在上不能无君子，是难其为君子"（《邵雍全集》，第1163页）。重要的不是社会乃至政治统治阶层存不存在君子或小人，而是要形成一种使君子、贤人脱颖而出的政治机能与社会文化风气，唯有如此，才能迎来治世：

> 自古圣君之盛未有如唐尧之世，君子何其多耶。时非无小人也，是难其为小人。故君子多也，所以虽有四凶不能肆其恶。自古庸君之盛未有如商纣之世，小人何其多耶。时非无君子也，是难其为君子。故小人多也，所以虽有三仁不能遂其善。是知君择臣，臣择君者，是系乎人也。君得臣、臣得君者，是非系乎人也，系乎天者也。（《邵雍全集》，第1163页）

邵雍承继儒家政治哲学之精义，也将贤人政治看作是有效政治治理的不二路径。"道之以德教者，德教洽而民气乐。驱之以法令者，法令极而民风哀。哀乐之感，祸福之应也。"[①] "以礼义治之者，积礼义；以刑罚治之者，积刑罚。刑罚积而民怨背，礼义积而民和亲。"（《汉书》卷四十八，

---

① （汉）班固：《汉书》卷四十八《贾谊传》，中华书局1962年版，第2253页。

第 2253 页)而"礼义""德教"的推动主体,当然只能是圣贤。制度的存亡、条令的有无,法规的缜密与荒疏,只是问题的一面,而且是表面,深层的根基是人心的善恶。体制是政治成败的外因,人的有力领导才是真正的内因。"人道敏政,地道敏树。夫政也者,蒲卢也。故为政在人,取人以身,修身以道,修道以仁。"(《中庸章句》,第 28 页)与圣人一样,贤人与君子同样是道德教育培养的结果,同样具有伟大的模范型的人格魅力,"有乱君,无乱国;有治人,无治法"①。"禹之法犹存,而夏不世王。故法不能独立,类不能自行。得其人则存,失其人则亡。法者,治之端也;君子者,法之原也。故有君子,则法虽省,足以遍矣。无君子,则法虽具,失先后之施,不能应事之变,足以乱矣"(《荀子集解》卷八,第151 页)。制度失去优良的人的操控与把握,很容易滑向制度设计的反面,礼法不仅都会失效,而且会违背制度设计的初衷,反噬制度自身。统治者一旦变质,再好的制度也会腐朽,王朝随之崩溃。应该说,这样的认识,与现代思想之间,并非不存在内在的相似性和关联性。麦金太尔曾经尖锐地指出,如果个体美德的培育完全被忽视,完全被社会成员置之不理,那么,所谓的正义的规则和相关制度又是"谁之正义"呢?② 因为人治并不是"个人的无法统治"的代名词,在苏格拉底那里,法律统治的效力与地位都低于基于统治者的智力统治,"因为法律由于其一般性而不可能明智地在所有无限复杂的具体情况下确切何者是正当的。只有在现场的明智者才能正确地决定在当下的具体情况中何者是正当的"③。柏拉图认为:"明智者服从法律,尽管法律的正义和智慧不及他的正义和智慧,因为愚人们难免不信任明智者,而且这种不信任并非完全没道理,尽管他们不能理解他。他们不相信一个值得作为真正的王者实行无法统治的明智者会愿意并且能够统治他们。他们之所以不相信,根本原因还在于没人在肉体和灵魂方面有那么明显的优势,以致会使所有的人都毫

---

① (战国)荀况撰,(清)王先谦集解:《荀子集解》卷八《君道篇》,载《诸子集成》(第 2 册),上海书店 1986 年版,第 151 页。

② 参见〔美〕阿拉斯戴尔·麦金太尔《谁之正义? 何种合理性?》,万俊人、吴海针、王今一译,当代中国出版社 1996 年版,第 507—515 页。

③ 〔美〕列奥·施特劳斯、约瑟夫·克罗波西:《政治哲学史》,李天然等译,河北人民出版社 1993 年版,第 72 页。

不犹豫无所保留地服从他的统治。"① 如果能够实现"明智者"的统治，法治就是低一层级的了。人治政治理念并不是要排斥任何形式的法律，相反，他重视法律的作用，他反对统治者和政府漠视法律、凌驾于法律之上。但是，任何成文法的落实都需要有素质的人来完成，"任何社会系统，无论其法律多好或多高尚，最终还是要以好的人为基础。今天世界上一些最无人道、压迫性最强的国家与最文明的国家一样，都同样有漂亮的写在纸上的宪法和法律。从来没有一个好的政治体制仅仅是靠写出来的或是规定出来的。相反，它取决于生活在其中的人，取决于执行这一制度的人。在每一个街头角落，在每一天的日常生活中的人。如果人们互相憎恨，互不信任，或力图相互利用，如果他们贪婪而又恶毒，那么，这些法律和规则就无法得到有效的实施。它们成了一个不可能完成的任务，只不过是一些空洞的条文。提高人的素质是当务之急"②。邵雍所代表的儒家政治思想，其核心原则接近马斯洛的这种表述，这种本质上是人本主义的政治思想是儒家理想主义政治思想的重要组成部分，在传统社会的经济结构与政治制度下有着极其顽强的生命力。"一家仁，一国兴仁；一家让一国兴让；一人贪戾，一国作乱。其机如此。此谓一言偾事，一人定国。"（《大学章句》，第9页）作为政治领袖的人格感召力和政治影响力如此强大，使人不能不认真地对待。"尧、舜帅天下以仁，而民从之；桀、纣帅天下以暴，而民从之。"（《大学章句》，第9页）政治领袖的品质与能力决定着国家的兴衰、社会治理的成效和人民的幸福指数。儒家的人治并不否定法律和各种规章制度的作用，而是着重强调，在健全外在的规范性制度的同时，更重要的是需要高素质的人来保证制度的落实，甚至，相对而言制度不那么健全，但只要有高素质的人，同样能够取得完美的政治治理的效果。因此。这种人本主义政治思想所提倡的"人治"说核心就在于人本身。它主张要按照人之为人的道理来"治人"，不能离开人本身的目的去另外地寻求"治人"的道理。"君子以人治人，改而止。"（《中庸章句》，第23页）人治不仅不是"个人的无法统治"，即统治者的

---

① ［美］列奥·施特劳斯、约瑟夫·克罗波西：《政治哲学史》，第73页。

② ［美］亚伯拉罕·马斯洛著，［美］爱德华·霍夫曼编：《洞察未来》，许金声译，华夏出版社2004年版，第160页。

意志与权力凌驾于国家政治决策和社会生活之上，相反，它对统治者提出了极高的道德与能力要求，它特别强调统治者必须将人民的利益和意愿当作施政的出发点与最终归宿。要做到这一点，就不能简单、随意地把君主的权力交由非人格化的官僚机构行使，而必须对非人格化的官僚机构的组成人员作很高的德才方面的要求。必须对官僚的遴选贯彻"选贤任能"的要求，"选贤任能是官僚政治的口号，'能者在位，贤者在职'的理想的实现程度，确也能测定那种政治场面的休咎与吉凶"①。既然"儒家传统的根本关怀就是学习如何成为人"②，"人之为人"是这个世界诸多复杂问题总的根源，所以归根到底需要从"人之为人"上着眼、着手才能根源性地解决问题。儒家既关切人的道德生命，并在此基础上关切人的政治生命，儒家把正己正人看作是政治的最大问题，贤人政治自然是它的思想的内在要求。政治领导人也只有通过持续的道德砥砺和人格魅力的提升方能巩固其政治权力的合法性和实施政策的合理性。因此，在儒家"人治"政治理念那里，政治权威首先也就体现在道德权威。往圣前贤的理想政治之所以能够获得实现，就是因为落实了以上这些原理。"祖三皇，尚贤也。宗五帝，亦尚贤也。三皇尚贤以道，五帝尚贤以德。"（《邵雍全集》，第 1157 页）并且，前圣与往贤也并非空谈口号，而是因势利导，对人民的"教"要立足于对人民的"养"的基础之上，方能立于不败之地。"贤愚，人之本性；利害，民之常情。虞舜陶于河滨，傅说筑于岩下，天下皆知其贤而百执事不为之举者，利害使之然也。"（《邵雍全集》，第 1163 页）邵雍所追求的政治理想，与传统儒家一样，终极目的是确立"父子有亲，君臣有义，夫妇有别，长幼有叙，朋友有信"的社会，这种政治共同体首先是洋溢着温情的道德共同体，它并不否定人的利益与愿望，它强调满足人的合理利益与愿望，它坚持由圣贤来操控政治，唯有如此，才能维护共同体的整体和谐，保障每一个人的合理诉求。同时，这种理想政治模式的设计，也会生发出一种对现实政治的强烈批评精神，它构成现实政治的醒目的参照物，现实政治的污泥浊水在圣贤政治的参照物前原形毕露，理应被归于扫除之列。"人治"与"法治"并非非此即

---

① 王亚南：《中国官僚政治研究》，中国社会科学出版社 1981 年版，第 102 页。

② ［美］杜维明：《东亚价值与多元现代性》，中国社会科学出版社 2001 年版，第 120 页。

彼的单项选择，不存在结构性的对抗和分裂，"确实可以说，一种纯粹的人格主义是不可能的。但也必须说，一种纯粹的制度主义同样不可能。不仅制度的结构包含有重要的人格决定，而且即使是最好的制度，它的功用也常常在很大程度上依赖于相关的人。制度好似堡垒，它们得由人来精心设计并操纵"①。我们只需要指出，"人治"的政治意图给政治领袖提出了更高的道德标准，设定了更高的价值标准，就政治治理而论，"国家不能徒赖完善之制度以为治，诚为至明显而不可逃避之结论"②。"人治"同样也是政治文明的重要环节。

三　邵雍对历史与政治的价值判断及其内在矛盾

邵雍从政治治理成效的角度对中国历史的盛衰表达出一种成色递减的判断。"昔者孔子语尧、舜则曰：'垂衣裳而天下治。'语汤、武则曰：'顺乎天而应乎人。'斯言可以该古今帝王受命之理也。尧禅舜以德，舜禅禹以功。以德帝也，以功亦帝也，然而德下一等则入于功矣。汤伐桀以放，武伐纣以杀。以放王也，以杀亦王也，然而放下一等则入于杀也。是知时有消长，事有因革，前圣后圣，非出乎一途哉！"（《邵雍全集》，第1162—1163页）从三皇时代"以道化民"的政治格调，到五帝时代"以德教民"的政治方针，降而至三王时代"以功劝民"的政治特性，最后是五伯"以力率民"政治模式。"以道化民"的政治属性是"自然"，"以德教民"的政治属性是"德"与"让"，"以功劝民"的政治属性是"功"与"政"，"以力率民"的政治属性是"力"与"争"。后世的种种政治行为，都接近于"力"与"争"：

> 夫天下将治，则人必尚行也。天下将乱，则人必尚言也。尚行则笃实之风行焉，尚言则诡谲之风行焉。天下将治，则人必尚义也。

---

① ［英］卡尔·波普尔：《开放社会及其敌人》（第1卷），陆衡等译，中国社会科学出版社1999年版，第237页。

② 萧公权：《中国政治思想史》，商务印书馆2011年版，第68页。

天下将乱，则人必尚利也。尚义则谦让之风行焉，尚利则攘夺之风行焉。三王尚行者也，五伯尚言者也。尚行者必入于义也，尚言者必入于利也。义利之相去一何远之若是耶？（《邵雍全集》，第 1164 页）

邵雍的政治治理成效与政治统治形态的思想所依托的根据是人性的善恶。"君子之德风，小人之德草"①，统治阶级的占统治地位的意识形态就是社会主导性的思想意识，统治者的人性与道德之善是决定国家政治命运的根本性因素。所以，"是知言之于口，不若行之于身。行之于身，不若尽之于心。言之于口，人得而闻之。行之于身，人得而见之。尽之于心，神得而知之。人之聪明，犹不可欺，况神之聪明乎？"（《邵雍全集》，第 1164—1165 页）政治统治者的自律与自我约束是治乱的根本，"财利为先，笔舌用事，饥馑相仍，盗贼蜂起。孝悌为先，日月长久，时和岁丰，延年益寿。"（《邵雍集》，第 390 页）于是，邵雍也特别重视义利之辨，"利轻则义重，利重则义轻。利不能胜义，自然多至诚。义不能胜利，自然多忿争。"（《邵雍集》，第 442 页）统治者的人性与道德之善要通过对"义"的追求体现出来。"君子尚义，小人尚利。尚利则乱，尚义则治。"（《邵雍集》，第 410 页）儒家的"义利之辨"，其思想本质在于共同体物质利益的合理分配问题，因为精神如何纯净，生存所必需的物质保证都是第一位的，这样，保证生存的条件，就具备功利价值。如何正确地看待这种功利价值，是儒家政治观必须作出回答的作业。儒家的答案是"礼""义"。在不否认"利"的价值的前提下，讲究"以义制利"，用合理的分配制度调节社会财富，强调政治领袖的道德意识与道德水平在安排公共事务中的重要性。"国不以利为利，以义为利也"（《大学章句》，第 12 页），政治领袖的良好品质和公正合理的制度设计既是"义"，也能够给社会全体成员带来更大更多的"利"。政治领袖的道德意识与道德责任就是最大的政治。"是故君子先慎乎德。有德此有人，有人此有土，有土此有财，有财此有用。德者本也，财者末也。外本内末，争民施夺。是故财聚则民散，财散则民聚。是故言悖而出者，亦悖而入。货悖而入者，亦悖而出。"（《大学章

---

① （三国魏）何晏集注，（宋）邢昺疏：《论语注疏》卷十二《颜渊》，载（清）阮元校订《十三经注疏》，中华书局 1980 年影印本，第 2504 页中。

句》，第 11 页）"德"的存没、得失，是政治的关键枢纽。邵雍继承了这样的思想，"夫义者，让之本也。利者，争之端也。让则有仁，争则有害。仁与害，何相去之远也。尧、舜亦人也，桀、纣亦人也，人与人同，而仁与害尔。仁因义而起，害因利而生。利不以义，则臣弑其君者有焉，子弑其父者有焉。岂若路人之相逢，一目而交袂于中逵者哉！"（《邵雍集》，第 559 页）作为政治领导人，必须在价值选择上确立"义"的优先性原则，对政治共同体中的大多数人而言，要确立这种优先性有一定的困难，但至少也要有这方面的认识，保持道德意识的自觉。和传统儒家一样，邵雍坚持认为政治共同体同时也必须是一个情感共同体和伦理共同体，唯有如此，才有希望回归三代之治。邵雍认为，三皇五帝的时代已经很难回归，但三王时代却是可以期待的。"羲轩尧舜虽难复，汤武桓文尚可循。事既不同时又异，也由天道也由人。"（《邵雍集》，第 389 页）关于回归"三王之治"的"天道"依据，邵雍认为："先阳已尽，后阳始生，则天地始生之际。中则当日月始周之际，末则当星辰始终之际。万物死生，寒暑代谢，昼夜变迁，非此无以见。当天地穷极之所必变，变则通，通则久，故《象》言'先王以至日闭关，商旅不行，后不省方'，顺天故也。"（《邵雍集》，第 560 页）天道"分阴分阳，迭用柔刚"推动着历史的运转，"自下而上谓之升，自上而下谓之降。升者生也，降者消也。故阳生于下而阴生于上，是以万物皆反生。阴生阳，阳生阴，阴复生阳，阳复生阴，是以循环而无穷也。"（《邵雍全集》，第 1199 页）这样，就从形而上学的高度保证了"天道"复归的可能性。邵雍循环论支撑的历史哲学与政治思想存在一个难以化解的悖论，他认为历史演进与政治变革尽管存在着盛衰往复的循环运动，但总体上历史的政治演进是在这种不停息的盛衰循环运动中趋于退化，我们能够捕捉到它的运动变化的轨迹，但却不能干预它，使之改变前行的方向。从这种观点看，三代之后其政治成色显现出递减的特征，赵宋不仅不如三代，而且肯定不如李唐。那么如前所述的对天水一朝的高度赞许又如何在逻辑上可以成立？然而，邵雍又武断地说："所以自古当世之君天下者，其命有四焉：一曰正命，二曰受命，三曰改命，四曰摄命。正命者，因而因者也。受命者，因而革者也。改命者，革而因者也。摄命者，革而革者也。因而因者，长而长者也。因而革者，长而消者也。革而因者，消而长者也。革而革者，消而消者也。革而革者，一世之事业也。革而因者，十世之事业也。因而革者，百世之事业也。因而因者，千世之事业也。可以因则因、可以革则革者，万世之事业也。"（《邵雍全集》，第1156 页）这样一来，邵雍其实是否定了自己原本设定的三代以下政治成色必然递减的说法，肯定赵宋回归三代之治的可能性与现实性。

四　结语

卡尔·波普尔指出，柏拉图给人们提出一个问题：谁应当统治国家？[①] 波普尔认为，用"我们怎样组织政治机构才能避免无能力的糟糕的统治者带来太多的损害"来替换"谁应当统治"，恐怕更为合适。[②] 但是，在宋代理学家那里，这样的替代构想及其方案从来就没有被设想过。反过来，政治领导人的心智和道德自觉等个人问题未必在实际的政治决策和实施过程中一定会低于制度输出的成效，所以"智慧统治"似乎是可以接受的和值得赞美的。"邵雍重视圣人，斯宾诺莎则重视受理性指导的人，亦即按照理性追求自己福益的人，也是己所不欲，勿施于人以及诚实不欺的人。邵雍对圣人的评价，就如斯宾诺莎对有理性者的评价，因为，一个有理性的人，如果服从所有公民必须服从的法则，而活在某一团体之中，比孤立而只受自己欲望支配时更自由。"[③] 在邵雍构思的政治世界里，善良意志扮演着绝对的主角，而善良意志能力的第一个角色，就是实践理性和道德感。"善良意志的能力具体规定了道德律的范围"，作为这样的人，我们才受到正义和仁慈的责任所约束。[④] 离开善良意志，正义以及政治世界的全部价值便会烟消云散。

---

① 参见［英］卡尔·波普尔《开放社会及其敌人》（第 1 卷），陆衡等译，中国社会科学出版社 1999 年版，第 227 页。

② 参见［英］卡尔·波普尔《开放社会及其敌人》（第 1 卷），陆衡等译，中国社会科学出版社 1999 年版，第 228 页。

③ 张君劢：《新儒家思想史》，中国人民大学出版社 2006 年版，第 111—112 页。

④ 参见［美］约翰·罗尔斯《道德哲学史讲义》，顾肃、刘雪梅译，中国社会科学出版社2012 年版，第 138—139 页。

清初朱陆"无极"论辩的考辨转向

——以李绂与王懋竑为考察

田富美

（台北教育大学）

摘　要：本文主要论析理学发展史中，有关朱陆异同论争在清初所出现的取径转化情形，以李绂《朱子晚年全论》与王懋竑《朱子年谱》对于朱、陆"无极而太极"论争的书写为考察：首先，论析李绂与王懋竑对朱、陆异同论争之态度；其次，对照二书所摘录朱子书信中有关"无极而太极"论争的内容，考究李、王二氏在解读、去取之间所蕴含之意图；最后，指出此一考辨方法的转向在"义理先行"的主导下，难以视为纯粹考据之作，且这些被辑录、诠解的书信，透显出的是朱陆学术形上层面的弱化或消解，虽展现了清初理学走向实用、实践的特质，但也同时失去了理学思想中足以与乾嘉新兴义理抗衡的资源，恐怕是理学逐渐被遣出主流之因。

关键词：朱陆异同；李绂；朱子晚年全论；王懋竑；朱子年谱

一　前言

有关朱熹（字符晦，号晦庵、考亭，紫阳先生，1130—1200）与陆九渊（字子静，象山先生，1139—1193）学术的异同论辩中，"无极"

"太极"之辩可说是研究者不可忽视的议题之一。自鹅湖之会后，二人的再次相晤或书信往返论学，其间虽亦曾相与论谈融洽，但其后经历了朱子撰《曹立之墓表》讥评心学、以"葱岭带来"喻象山奏札等事件，终究使二人的争端逐渐加剧，至淳熙十五年戊申（1188）发生了这场严词相诋著名论辩：所谓"无极而太极"，系周敦颐（1017—1073）《太极图说》首句，朱、陆就"太极"之上是否能再加上"无极"的问题进行论辩；后世研究者由此而衍生出判析理学与心学在体系上的差异，其牵涉的范畴与理论意义、价值，早已超出这场论争的初始之貌。

至于朱陆思想异同之辩，在经历双方弟子互争长短等繁复往来后，门户派别逐步形成。元、明时期，出现了消融朱、陆之异的声音：元儒吴澄（1249—1333）提出衰多益寡的主张；赵汸（1319—1369）转而形构出朱、陆年岁与学思趋变的"早异晚同"之论；明代程敏政（1445—1499）《道一编》赓续为朱陆学术有早年势同冰炭、中年疑信相半、晚年若辅车相倚等三阶段之说；[1] 王阳明（1472—1529）则选录朱子论学往来书信而成《朱子晚年定论》，企图以"朱子晚年悔悟之说"作为"解纷"的方式，欲表达朱子晚年学说之"转变"，命为"定论"以形塑朱子思想最终意旨与心学终趋一致，借此间接证成自身所倡之学"不谬于朱子"，冀望获得有效敷陈与认可。[2] 然而，王阳明在辑录《朱子晚年定论》时引据失误而有"年岁早晚"的编年疏谬，成为明、清崇奉朱学者程瞳（1480—1560）、陈建（1497—1569）、孙承泽（1592—1676）、朱泽沄（1666—1732）等人纠举抨击；[3] 此后，朱、陆论争的问题从初始的义理

---

① 有关朱陆异同论争的发展情形，参见吴长庚《鹅湖之会与朱陆异同"早晚论"的历史演变》，《朱子学刊》1999 年第 1 期；陈林《义理与考据之间："朱陆异同"学术史的内在发展理路》，《求索》2015 年第 4 期；徐公喜《朱陆异同论的历史形态考察》，《江淮论坛》2015 年第 6 期。

② （明）王守仁著，王晓昕、赵平略点校：《与安之》《朱子晚年定论序》，《王阳明集》上册，中华书局 2016 年版，卷四，第 156 页；卷三附录，第 118 页。

③ 王阳明纂辑《朱子晚年定论》后，罗钦顺即曾质疑书信时间的错置，阳明虽自承失诸于考订；但亦强调纂辑此书的目的在于"委曲调停"朱、陆异同的问题。参见（明）罗钦顺《与王阳明书》，《困知记·附录》，收入《景印文渊阁四库全书》第 714 册，台湾商务印书馆 1983—1986 年版，第 3—4 页；王守仁《答罗整庵少宰书》，《王阳明集》上册，中华书局 2016 年版，第 72 页。

辨析，转而考察朱、陆学思早晚的异同，争讼的是朱子"晚年论学"之归趋，且逐步走向以考订、编纂文献为途径。

此一考论视角的转化表现于在朱陆异同论争的议题上，则是朱子生平及其论著的考订：被誉为清初陆王之学"巨擘"① 的李绂（字巨来，号穆堂，1673—1750）博搜朱子论学书信作《朱子晚年全论》，企图以文献的荟聚、校核的缜密以弥补阳明《朱子晚年定论》编排上的疏误，力主"朱子晚同于象山"；而被推尊为"宋明理学殿军"② 的王懋竑（字予中，号白田，1668—1741）纂订《朱子年谱》，③ 运用考辨史料形式梳理朱子一生学行，强调"朱、陆始终相异"。此二书同样以朱子著述为鉴证，但对朱、陆异同的论定上却呈现云泥之别，是以，朱陆异同论争转向文献考辨的形式，展现的仍是二学派壁垒分明的态势，那么，这个考辨转向的内容与意涵，便有值得深入厘析之处。本文的目的不在于衡定朱、陆义理之分殊，而是尝试借由梳理李绂与王懋竑对于朱、陆"无极而太极"论辩的书写，论究清初所出现的转向情形，尤其李绂与王懋竑随着各自不同的学术立场与编纂动机的差异，对于朱子文献的判读所呈现的改铸和理解，以及此分歧之下所形塑出不同的朱子图像。首先，本文将就李绂《朱子晚年全论》与王懋竑《朱子年谱》的撰作目的进行分析，指出二者所持之立场及面对朱、陆异同论争之态度；其次，以"无极而太极"论争为主要内容，对照二书所摘录朱子书信的诠解，考究李、王二氏在释读、去取之间所蕴含之意图；最后，借由前述论析，说明此一考辨的转向在清代朱、陆异同论争发展中所呈显之意义。

二 考辨目的：朱、陆异同议题之攻防

清初朝廷借由朱子配享于孔庙、兴建紫阳书院以褒美朱学，此举势

---

① 张舜徽：《清人文集别录》，华中师范大学出版社 2004 年版，第 106 页。

② 钱穆：《王白田学述》，《中国学术思想史论丛（八）》，兰台出版社 2000 年版，第 239—260 页。

③ 王懋竑撰有《朱子年谱》四卷、《朱子年谱考异》四卷、《朱子论学切要语》二卷。现代学者何忠礼据浙江书局补刊入《例义》，并附录相关史料，将上述三部著作点校、刊定合为《朱熹年谱》（中华书局 1998 年版）。

必对当时儒者论学发生影响，当然亦包括"朱陆异同"问题的回应，李
绂与王懋竑即是代表人物。

（一）李绂：朱子晚年尽合陆子

李绂论学归宗于陆、王，视陆、王为远绍圣人之学而倡明躬行实践
之功者，① 在其论述中屡屡捍卫陆王学说，强调象山是承续程颢
（1032—1085）之学的儒门正传。② 相较之下，李绂虽亦肯定朱子"足以
衍孔孟之传"，但他认为笃信程颐（1033—1107）的朱子，在现实生活中
以"格物穷理自命"，将难以行事（《穆堂初稿》，第 216、576—578 页；《穆堂别
稿》，第 73—74 页），且所作《大学》格致补传造成了古人为学之法"乃一变
寻章摘句之弊，流为玩物丧志"，泯灭了躬行实践之旨，致使"孔孟之学
乃失传"（《穆堂初稿》，第 206—208 页），这是李绂认为朱子不及象山之处。

李绂以二十余年时间汇辑《朱子晚年全论》，编录朱子 51 岁至 71 岁
之论著，排除了"门人所记"的"语类"之外，其余则广泛搜罗朱子亲
撰书信、序跋、题记、祭文等所涉及与陆九渊之学相关者条例 375 条，并
于各条后附加按语为证，③ 其于书前序言：

---

① 李绂言："自象山陆子之教不明，士堕于章句训诂者三百余年，泊王阳明先生倡明绝
学，然后士知有躬行实践之功。""圣人之学在于躬行心得，由小学以至大学，齐治均平之业，
咸出乎其中，此学之名与实也。……自周程二子始为身心之学，陆子昌其说，阳明子益大昌
之，然后知学不为求富贵也。"氏著《文学刘先生墓志铭》《来复堂集序》《穆堂初稿》，收入
《清代诗文集汇编》第 232 册，上海古籍出版社 2010 年版，卷二十六，第 311 页；卷三十六，
第 455 页。

② 如《心性说》反驳阳明非禅学，《发明本心说》辩陆子书中绝无"顿悟"二字；
又言："程朱之称，亦当分别：就伊川言称程朱可也，就明道言当称程陆。陆子之言与明道
若合符节，无丝毫之异；朱子与明道则相背而驰。"氏著《心性说》《发明本心说》《答雷
庶常阅〈传习录〉问目》，《穆堂初稿》卷十八，第 209、210 页；卷四十三，第 560 页。
按：有关李绂学术思想相关讨论，参见钱穆《中国近三百年学术史》，台湾商务印书馆
1995 年版，第 285—314 页；杨朝亮《李绂与〈陆子学谱〉》，中国社会科学出版社 2005
年版；龚书铎主编，李帆著《清代理学史》中册，广东教育出版社 2007 年版，第 165—
181 页；黄进兴《十八世纪中国的哲学、考证和政治：李绂与清代陆王学派》，江苏教育出
版社 2010 年版。

③ （清）李绂著，段景莲点校：《凡例》，《朱子晚年全论》，中华书局 2000 年版，第 1 页。
李绂言："其《语类》一百四十卷，则皆门人所记。此书（按：《朱子晚年全论》）所录止于
《文集》，不及《语类》……不兼采《语类》，固谨遵朱子之教。且亦取其出于朱子亲笔，确然
无复可疑，异于门人记录，有得而有失也。"

朱子与陆子之学，早年异同参半，中年异者少同者多，至晚年则符节之相合也。朱子论陆子之学，陆子论朱子之学，早年疑信参半，中年疑者少信者多，至晚年则冰炭之不相入也。……晚年所学者符节相合，而所论者冰炭不相入，何耶？盖早年两先生未相见，故学有异同而论有疑信。中年屡相见，故所学渐同而论亦渐合。……《朱子晚年定论》……中间因词语相类而误入中年之论者，特何叔京一人耳。罗整菴摘以相辨，而无知之陈建遂肆狂诋，其实晚年相论皆然，虽百条不能尽也。……今详考《朱子大全集》，凡晚年论学之书，确有年月可据者，得三百五十七条，共为一编。其时事出处，讲解经义与牵率应酬之作，概不采入，而晚年论学之书，则片纸不遗，即诋陆子者亦皆备载，名曰《朱子晚年全论》。曰"晚"，则论之定可知；曰"全"，则无所取舍以迁就他人之意。……夫天下惑于朱、陆异同之说也久矣。欲天下人学陆子，必且难之；欲天下人学晚年之朱子，宜无不可。学朱子即学陆子，陆子固不必居其名也。（《朱子晚年全论》，第1—2页）

按上述引文，可见李绂汇辑之目的：首先，他区分"朱陆异同"为两个不同的层面：一是"朱子与陆子之学"，此系承袭程敏政《道一编》、王阳明《朱子晚年定论》的论析模式，其中的晚年"符节相同"，即是李绂纂述之目的；二是"朱子论陆子之学，陆子论朱子之学"，指朱、陆二人论学交往的主观态度。也就是说，李绂认为晚年所谓"冰炭之不相入"指的是朱、陆个人"感受"问题，无碍于双方论学渐趋一致的事实。① 按李绂宗主陆学的立场来看，这里所说朱子晚年与陆学"符节相同"，则当是指朱子晚年论学转归象山了。其次，李绂认为即使

---

① 姜义泰指出，李绂将朱陆间学说的实际性质，与朱陆对彼此的评价分成两部分，是以，晚年纵使朱陆两人彼此不合亦不妨碍两人学说之相同、相通，此一分割，回避了许多棘手问题。《李穆堂对陆、王学术之维护述论》，《兴大中文学报》2007年第22期。蔡龙九论析李绂《朱子晚年全论》，即从"朱子与陆子的思想异同"与"朱子陆子互论"二方面进行考察：前者为"思想上的调和"，指书中所罗列朱子兼融象山之论述；后者为"情感上的调和"，则是指双方"互论"下的差异，这一部分并不影响前者所宣称的"晚年则符节相合"。该文认为李绂力主"朱陆调和"，但对于朱陆思想根源问题没有直接手处理而略显保守，故蔡龙九称之为"保守调和模式"。《"朱陆异同论争史"中的保守调和模式——李绂〈朱子晚年全论〉评析》，《东吴哲学学报》2013年第27期。

阳明《朱子晚年定论》编次书信偶有疏误，却不能因此而泯除朱子晚同于陆学的事实，故而仍循阳明以朱子"晚年"为书题名，命名为"全论"。再者，李绂说明朱陆"晚同"之意义，乃在于谕晓天下论学之典范系"不堕于章句口耳之末"的象山之学；只不过由于身处朱子学风再次盛行之际，"欲天下人学陆子，必且难之；欲天下人学晚年之朱子，宜无不可"，冀望达到"学朱子即学陆子"之效，实即是借朱学之名以彰扬陆学。是以，《朱子晚年全论》与编修《陆子学谱》的目的并无二致，① 都是为显扬陆学，且可说是相辅相成的。

（二）王懋竑：朱陆之学未尝始同

王懋竑论学"笃信朱子"，曾言"朱子之书殆与六经同"，自许"励志笃行，真为程朱之徒，以阐明正学，尽破一切窠臼"② 为职志，所纂《朱子年谱》时程亦长达二十余年，其间反复考订，直至易箦前仍不忍释手，目的在于确认朱子学术变化过程中，自始至终均异于象山，并证成朱学为道统"一脉真传"③，作为后世儒者进学论道之指南。

王懋竑厘定朱子学思进程，虽并不像李绂以年岁清楚划分为早、中、晚，但大抵仍可看出几个重要阶段：早年有志于"为己之学"，即使出入于佛老，亦是"从心地本原处用力"；其后重要的变化则是受教于李侗（1093—1163），转向潜心体悟《中庸》已发未发之旨，随后与张栻（1133—1180）讲论察识与涵养等问题；④ 最后的论学"定论"则是在宋孝宗乾道六年庚寅（1170），时年朱子 41 岁，王懋竑言：

---

① 杨朝亮即言李绂辑录《朱子晚年全论》"旨在通过朱子来彰显陆九渊学术，并不是突出朱子学。这是李绂编修《朱子晚年全论》的真正意图所在，可谓二书互为表里"。《李绂与〈陆子学谱〉》，第 80 页。

② （清）雷鋐：《白田草堂存稿序》、（清）王懋竑：《与朱宗洛书》《与朱湘涛书（七）》，《白田草堂存稿》，收入《清代诗文集汇编》第 220 册，上海古籍出版社 2010 年版，第 214、366、536 页。

③ （清）王箴传、（清）孙仝辙、（清）孙仝敞：《朱子年谱例义》；（清）王安国《朱子年谱序》、（清）乔汲《吴邑乔氏刊本后叙》，收入（清）王懋竑撰，何忠礼点校《朱熹年谱》，中华书局 1998 年版，第 2—4 页；附录四，第 563 页。

④ 参见《白田草堂存稿》，第 359 页；《朱熹年谱》，中华书局 1998 年版，第 298—299 页。

至庚寅拈出程子"涵养"二语，生平学问，大指定于此。……若以一己所见，而取《文集》仿佛之语以为依据，又杂取诸家语录庞乱之说，而断之曰某年至某地位，又某年至某地位，为免于以管窥天，以蠡测海，恐识者之有以议其后矣。……《文集》、《语录》中多谦己诲人之辞，大率因人说法，应病与药，又间或有为而发（自注：如《与象山书》："无复向来支离之病"，此因象山讥其"支离"，故云尔），不可泥看。（《朱熹年谱》，第298—299页）

王懋竑似乎有意开显朱子在理学传承系谱中的特殊地位，因此在纂作《朱子年谱》时，删汰有关朱子降生的异象之说、淡化学禅经历、改订李侗授受时程、削弱张栻论学影响。[①] 在上述引文中，王懋竑标揭朱子以程颐"涵养须用敬，进学则在致知"为学术最终旨归，相较于载记朱子本体、心性层面建构的内容而言，明显可见王懋竑实更着眼于朱子工夫论的部分。另一方面，王懋竑亦提醒后世学者，朱子论学过程中有许多言论乃针对各种情境而发，或为纠举后学所言，不应拘泥于片段之言而作论断，文中特意以〈与象山书〉中"无复向来支离之病"一语为例，这是朱陆异同论争中力主"早异晚同"者所惯引为证之文，由此不难看出王懋竑反对"晚同"说之意图。王安国（1694—1757）于乾隆十七年（1752）为王懋竑《朱子年谱》刊刻作序言：

白田先生……以明李默古冲所定《朱子年谱》多删改原编，与《晚年定论》、《道一编》暗合，阳为表彰，而阴移其宗旨，后之人不辨其伪而尊信之，其为害滋甚。乃取《朱子文集》、《语类》，条析而精研之，更博求所述诸儒之绪论、师友之渊源，与夫同志诸子争鸣各家之撰者，曲畅旁通，折衷于勉斋黄氏所作《朱子行状》，以正年月之后先，旨归之同异，订为《年谱》四卷。

---

① 有关王懋竑《朱子年谱》写作立场及笔法之论析，参见陈峰《清儒王懋竑学术思想研究》，博士学位论文，湖南大学岳麓书院，2019年，第110—135页；游腾达《王懋竑〈朱子年谱〉探赜与朱学宗旨之辨》，《台大中文学报》2019年第65期；田富美《清初朱陆异同论争的一个侧面——论王懋竑〈朱子年谱〉中鹅湖之会的书写》，《台大中文学报》2021年第72期。

其间辩论之迹，考据所由，别为《考异》四卷。又以朱子自序
《中和旧说》，谓读程子书，涣然冰释。自干道己丑之春，复取己
丑以后论学切要之语，分年编次，为《附录》二卷。（《朱熹年谱》，
第 1—2 页）①

按上述引文，王安国细绎王懋竑参酌《朱子文集》《语类》、黄榦
（1152—1221）《朱子行状》，透过举年纲以统事目的形式记载朱子一生
学行而成《朱子年谱》，并将考辨的论述载作《朱子年谱考异》；复择
取己丑年（1169）后散见于朱子各著述中有关论学之言，分年编次为
《朱子论学切要语》，企望能呈显朱子思想全貌之意图，于此可见。此
外，王懋竑在纂订过程中亦针砭此前相关之年谱，最主要的对象即是在
朱陆异同议题上袭自阳明之见的明代李默（1494—1556）《紫阳文公先
生年谱》。② 李默于书前撰序，批评此前的年谱载入"尊朱诋陆"的
私家之言，不符合述作年谱之体裁；又强调"践形尽性"乃为"至
学"，而"非徒读书穷理空谭为也"，在李默看来，朱子与象山之学
的差异只在于"途辙所从入不同"，故而就旧传之年谱进行"稍微删
润，其猥冗左谬不合载者，悉以法削之，视旧本存者十七，不以鄙诬
累先哲也"③。因此，李默所撰《年谱》将旧年谱中涉及"尊朱诋陆"的
"私家言"径行删汰，以呼应所主张的朱、陆之学殊途同归之意。对于李
默此举，王懋竑抨击言：

　　　李君（按：李默）乃讲于良知之学者，其序多微辞，尊陆而抑

---

① 按：相近论述，参见（清）乔汲《吴邑乔氏刊本后叙》，（清）孙全辙、（清）孙全敞
《朱子年谱例义》，《朱熹年谱》，中华书局 1998 年版，第 563、3 页。
② 自元、明至清初撰写朱子年谱者颇多，大都可溯源于南宋李方子《朱子年谱》，其后儒
者依此版本增衍删汰。李方子所撰年谱已佚，今学者束景南自相关古籍辑录为《紫阳年谱》，收
录于束景南《朱熹年谱长编》，华东师范大学出版社 2001 年版，第 1511—1554 页。在王懋竑
《朱子年谱》中常征引之年谱有三，包括：（一）（明）李默《紫阳文公先生年谱》，收入北京图
书馆编《北京图书馆藏珍本年谱丛刊》第 25—26 册，1999 年；（二）（明）洪嘉植《朱子年
谱》，现已不得见；（三）（清）朱玉《朱文公年谱事实》，收入北京图书馆编《北京图书馆藏珍
本年谱丛刊》第 26 册。
③ （明）李默：《重刊紫阳文公先生年谱序》，《紫阳文公先生年谱》，收入北京图书馆编
《北京图书馆藏珍本年谱丛刊》第 25—26 册，第 693—703 页。

朱，所载朱子语多取其与象山先生相近似者，而于辟陆学诸书概从
芟削……大抵袭《晚年定论》之意，于朱子无所发明，而适足以为
累。（《白田草堂续稿》卷3，第534页）

王懋竑特意指出李默基于"尊陆而抑朱"原则而删作年谱，致使失
去原始年谱面貌，显然是必须加以矫订的。因此，李默《紫阳文公先生
年谱》主朱陆"晚同"的立场，"于朱子无所发明，而适足以为累"，这
正是王懋竑纂订《朱子年谱》以纠举的首要原因。

三 "无极"之辩的考辨：朱陆之同辙／殊途

朱熹与陆九渊的这场"无极""太极"之辩，始于朱子与陆九韶
（1128—1205）对"太极"诠解的争论，陆九韶力主"《太极图说》
与《通书》不类，疑非周子所为；不然，则或是传他人之文，后人不
辨也"；① 朱熹则认为"无极"绝不可少，强调"不言无极，则太极
同于一物，而不足为万化之根；不言太极，则无极沦于空寂，而不能
为万化之根"，② 陆九渊于淳熙十四年丁未（1187）秋致书（已佚）
始续论战，现今可见最早书信则是十五年戊申（1188）四月之书，
朱子与之复书入对，至十六年己酉（1189）为止，双方共有6封往来
书信：前两回的四封是朱、陆二人对于无极、太极的辩驳，并旁及他
书相关义理；后两封书信则是宣告论辩结束。现将书信略整理于
下表：③

① 束景南据各种书信推论，陆九韶致书朱熹首论太极当在淳熙十二年夏间，而陆九渊在直
接出面与朱熹论战之前，应已经在旁助陆九韶同朱熹进行太极论辩了。有关陆九韶与朱熹的论
辩，参见束景南《朱子大传："性"的救赎之路》，复旦大学出版社2016年版，第562—563页。
陆九韶之主张，见于《陆九渊集》，中华书局2012年版，第23页。

② （宋）朱熹撰，陈俊民校编：《答陆子美书一》，《朱子文集》第四册，台北德富文教基
金会，2000年，第1433页。

③ 参见《朱子文集》第四册，台北德富文教基金会，2000年，第1439—1451页；《陆九
渊集》，中华书局2012年版，第507、21—31页。

表1

陆九渊致书时序与内容大要			朱子复对时序与内容大要		
淳熙十五年戊申四月（1188）朱子59岁	学术争论	驳朱子所谓"无极极是无形，太极即是有理"，主张：1. "无极"之说非儒家所有，出于老子 2. 朱子训"极"为"中"，则"无极"犹言"无中"，于理不通	淳熙十五年戊申十一月八日（1188）	学术争论	1. 以伏羲、文王未尝言"太极"，而孔子言之为例，说明不应以周敦颐之前未曾有圣贤言"无极"而否定"无极"之说 2. 解"极"为"中"，是"以此物之极，常在此物之中"之意，并非"极"义可训"中"。"极"，是指"此理至极" 3. 周敦颐所以谓之"无极"，欲指初"无方所""无形状""无声臭"而"通贯全体，无乎不在"之义
	情绪批评	认为"平心之说"不如"据事论理"；批评朱子"执己之意甚固，而视人之言甚忽，求胜不求益"		情绪批评	言不难则，而理未易明，象山"理有未明"；俗儒胶固，随语生解
淳熙十五年戊申十二月（1188）朱子60岁	学术争论	1. "中"即至理，何尝不监至义？ 2. 既言"太极"是"天下至极无以加此"，又何必于上加"无极"？此是"叠床上之床"	淳熙十六年己酉正月（1189）	学术争论	1. "极"是"明此理之至极"，"中"是"状此理之不偏"，虽同理而"名义各有攸当" 2. "无极而太极"如言"无为之为"，是就"无"中说"有"，是"语势之当然，非谓别有一物"。因此，即说"有"说"无"，或先或后，都无妨碍
	情绪批评	1. 批评朱子来书"文辞缴绕，气象褊迫，其致辨处，类皆迁就牵合" 2. 朱子言"太极真体，不传之秘"，恐是"曾学禅宗，所得如此"		情绪批评	1. 批评象山"以来书求之于道而未之见，但见词义差舛，气象粗率，似与圣贤不甚相近" 2. 建议若象山不认同所论，"则且置之，其于事实，亦未有害"，"各尊所闻，各行所知，亦可矣，无复可望必同也"
淳熙十六年己酉七月四日（1189）		（《朱子文集》未收）对朱子建议"各尊所闻，各行所知"，言"不谓尊兄遽作此语，甚非所望"。指责朱熹"通人之过，虽曰箴药，久当自悟。"其后因政事应酬所累，至七月复书	淳熙十六年己酉八月六日（1189）		（《朱子文集》未收）表达之前书"词气粗率，既发即知悔之，然已不及"

现今论究朱陆"无极""太极"之辩者，对于此一议题相关之过程、形上体系、影响等问题论析成果斐然，相关研究可从两方面来看：一是就朱陆的论说而比较两造思想体系的异同，虽也包括朱、陆争辩本身的文献，但亦扩及二人在论辩中未及处理，或日后思想进一步发展等问题，并将朱、陆其他思想材料纳入必然的对立而进一步讨论；研究者甚或加上自身所建构的诠释系统，进而发挥哲学创见，此类研究属朱陆哲学比较，如牟宗三、刘述先、劳思光等前贤即属之；其中牟宗三由朱陆二人解太极之文，进一步论析二者言道体性体有"只存有不活动""即存有即活动"两种系统，是最具代表性者。① 另一研究，则仅就朱陆双方往来的这六封书信（尤其前四封）进行诠解与评论，指出这场论辩实是在遣词表述上的差异，并未涉及朱陆二人学术体系差异的范畴。诚如牟宗三指出，若单就"太极"存有上来看，"无极"二字实属"体悟诠显上言"，则"言亦可""不言亦可"；因此，牟氏评朱、陆："辩至此，本应相视而笑，默逆于心。然意气之动，贤者不免，遂额外生枝，愈辩愈睽矣。字里行间，互相误解或不尽对方语意者甚多。"束景南言："两人在以'太极'为宇宙本体这一根本点上是一致的，分歧只在于对'太极'的理论表述上：能不能用'无极'的概念来表达'太极'（理）。"陈来也曾言："无极之辩并未直接涉及二人多年来的重大分歧。朱陆在无极太极上的争论并不是朱陆主要分歧的根由，而是朱陆之争的一个副产物。"② 按此而言，本文考论李绂、王懋竑书写、评述这场辩论较近于此，即单从这六封书信进行考辨，对于实质或深层义理的辨析，则相对阙如。

据上节论析，李绂与王懋竑既有意透过朱子学思历程的梳理以揭示对于朱陆异同的立场，那么，取资于朱陆二人、朱子与友人论学交游往返书信为主要论据，自不待言。现先选取李绂与王懋竑均有摘述朱子书信中有关这场无极之辩共六则中最相关的部分进行探析，并依时间先后编序；③ 再将李、王各自不同的解读与判别进行对读，据此勾勒出殊异的

---

① 牟宗三：《心体与性体（一）》，台北正中书局1968年版，第404—415页。

② 牟宗三：《心体与性体（一）》，台北正中书局1968年版，第407页；束景南：《朱子大传："性"的救赎之路》，复旦大学出版社2016年版，第565页；陈来：《朱子哲学研究》，第393页。

③ 以下有关各书信撰写详细时间，参考陈来《朱子书信编年考证》，生活·读书·新知三联书店2011年版。

朱学特质与朱子图像。

（1）宋孝宗淳熙十四年丁未①（1187，58 岁）《答程正思》（所谓皆正）

　　祝汀州见责之意，敢不敬承！盖缘旧日曾学禅宗，故于彼说虽知其非，而不免有私嗜之意。亦是被渠说得遮前揜后，未尽见其底蕴。……去冬因其徒来此，狂妄凶狠，手足尽露，自此乃始显然，鸣鼓攻之，不复为前日之唯阿矣。浙学尤更丑陋，如潘叔昌、吕子约之徒，皆已深陷其中，不知当时传授师说，何故乖讹便至于此？深可痛恨！②

（2）淳熙十五年戊申正月十四日（1188，59 岁）《答陆子静》（学者病痛）

　　学者病痛，诚如所谕，但亦须自家见得平正深密，方能药人之病；若自不免于一偏，恐医来医去，反能益其病也。所谕与令兄书，辞费而理不明，今亦不记当时作何等语，或恐实有此病。承许条析见教，何幸如之！虚心以俟，幸因便见示。如有未安，却得细论，未可便似居上兄遽断来章也。③

---

　　① 李绂与王懋竑均以此书信为淳熙十三年丙午（1186，57 岁）所作，恐有误。陈来以信中祝櫰任官职时间，推断应在丁未，《朱子书信编年考证》，生活·读书·新知三联书店 2011 年版，第 268—269 页。按：依文意，若"鸣鼓攻之"在丙午，则同年朱子《答陆子静书》不仅未体现争讼之言，甚至有"所幸迩来日用工夫颇觉有力，无复向来支离之病，甚恨未得从容面论"等自谦语，明显不符情理；因此由文意判断，亦不当为丙午所作。参见王懋竑《朱子年谱考异》，《朱熹年谱》，中华书局 1998 年版，第 367 页；《朱子文集》第四册，台北德富文教基金会，2000 年，第 1438 页。

　　② 《朱子文集》第五册，台北德富文教基金会，2000 年，第 2307—2308 页。李绂引录于《朱子晚年全论》，中华书局 2000 年版，第 109—110 页；王懋竑引录于《朱子年谱》，中华书局 1998 年版，第 149 页。

　　③ 《朱子文集》第四册，台北德富文教基金会，2000 年，第 1438 页。李绂引录于《朱子晚年全论》，中华书局 2000 年版，第 26 页。

（3）淳熙十五年戊申十一月（1188，59岁）《答程正思》（熹再辞之）

临川之辨，当时似少商量，徒然合闹，无益于事也。其书近日方答之，所说不过如所示者，而稍加详耳。此亦不获已而答，恐后学不知为惑耳，渠则必然不肯回也。①

（4）淳熙十六年己酉（1189，60岁）《答邵叔义》（子静书来）

子静书来，殊无义理，每为闭匿，不敢广以示人。不谓渠乃自暴扬如此。然此事理甚明，识者自当知之。当时若便不答，却不得也。所与左右书，渠亦录来，想甚得意。大率渠有文字，多即传播四出，唯恐人不知。此其常态，亦不足深怪。吾人所学，却且要自家识见分明，持守正当，深当以此等气象举止为戒耳。"太极"等书四种，谩附呈，恐有所疑，却望疏示。②

（5）淳熙十六年己酉（1189，60岁）《答赵子钦》（自反研几）

子静后来得书，愈甚于前。大抵其学于心地工夫不为无所见，但便欲恃此陵跨古今，更不下穷理细密工夫，卒并与其所得者而失之。人欲横流，不自知觉，而高谈大论，以为天理尽在是也，则其所谓心地工夫者，又安在哉？③

---

① 《朱子文集》第五册，台北德富文教基金会，2000年，第2310页。李绂引录于《朱子晚年全论》，中华书局2000年版，第111页；王懋竑引录于《朱子年谱》，中华书局1998年版，第151页。

② 《朱子文集》第六册，台北德富文教基金会，2000年，第2655页。李绂引录于《朱子晚年全论》，中华书局2000年版，第200页；王懋竑引录于《朱子年谱》，中华书局1998年版，第151页。

③ 《朱子文集》第六册，台北德富文教基金会，2000年，第2672页。李绂引录于《朱子晚年全论》，中华书局2000年版，第203页；王懋竑引录于《朱子年谱》，中华书局1998年版，第149—150页。

（6）宋光宗绍熙四年癸丑（1193，64 岁）《答赵然道》（足下求官）

荆门之讣，闻之惨怛。故旧凋落，自为可伤，不计平日议论之同异也。来喻又谓"恨不及见，其与熹论辨有所底止"，此尤可笑。盖老拙之学虽极浅近，然其求之甚艰，而察之甚审，视世之道听涂说于佛老之余，而遽自谓有得者，盖尝笑其陋而讥其僭。岂今垂老，而肯以其千金易人之弊帚者哉？又况贤者之烛理似未甚精，其立心似未甚定，窃意且当虚心择善，求至当之归以自善其身。①

（一）李绂：非辨其理，乃辨其辞

首先，考察李绂对于这场论辩的评述。大体而言，李绂力主朱子论学晚同于象山，因此刻意将二人的论争缩小、简化，虽指出朱、陆龃龉的关键事端包括淳熙十年癸卯（1183，54 岁）《曹立之墓表》、十二年乙巳（1185，56 岁）"葱岭"之讥，但认为这是彼此弟子间的"竞辨"，②真正的冲突点乃在于"无极"之辩。对于引文（1）中朱子于此辩前的"鸣鼓攻之"，李绂言：

此书据《年谱》（按：明代李默《紫阳文公先生年谱》）在丙午年……乃陈建诸人所据以为"朱子晚年诋陆"之证者。然细按，此书词意忿怒未安，必非朱子平心之语。……"去冬其徒"云云，指傅子渊。然朱子与陆子书，虽议子渊之偏，仍称其气质刚毅，极不易得，而此书乃诋为"狂妄凶狠"，不应面誉背毁至此极也。朱子自

---

① 《朱子文集》第六册，台北德富文教基金会，2000 年，第 2651—2652 页。李绂引录于《朱子晚年全论》，中华书局 2000 年版，第 198 页；王懋竑引录于《朱子年谱》，中华书局 1998 年版，第 156 页。

② 有关李绂对于《曹表》、"葱岭"等事件之论述与分析，参见田富美《清初心学家视域下的朱陆异同论争——论李绂〈朱子晚年全论〉》，宣读于政治大学中国文学系、中国经学研究会主办"第十二届中国经学国际学术研讨会"（台北，2021.11.20—21）。对于朱子撰《曹立之墓表》引发的争议，李绂评言："朱、陆异同之衅，《立之墓表》亦其一事，然皆门人之见耳，两先生未尝异也。朱子与陆子书，谓《立之墓表》，包显道不以为然，而陆子答书直以为好。……此《表》作于淳熙十年（1183），朱子年 54 岁，是时未辩'无极'，意亦和平。故与诸葛诚之谓衅何由起，而深怪门人之竞辨者，所谓闻流言而不信也。"见《朱子晚年全论》，中华书局 2000 年版，第 344—345 页。

言生平病在忿懥，此书前有祝汀州见责之语，以忿懥之性，忽蒙谯责之词，发之也暴，语无伦次，故予谓此书一时忿怒而作，断然无疑。盖晚年议论，冰炭之尤者也。伯恭亡友，平生至交，乃谓"浙学犹更丑陋"，怒至此乎？……其第十八书云："临川之辨，当初似少商量，徒然合闹，无益于事"。盖已悔争论之过矣。（《朱子晚年全论》，第110—111页）

这一段是为驳斥陈建《学蔀通辨》所主"朱子晚年诋陆"之说而发。[①] 李绂认为朱子"攻之"的对象是陆门弟子；并且以朱子自承其气质之病"多在忿懥"为据，[②] 说明朱子评议傅子渊（？—？）的措辞与此前迥异，乃因朱子遭"祝汀州见责"而一时怫郁所致，这是有意切割"攻之"与陆九渊的关系，用以讥诮陈建等人看似尊崇朱子，但实际上未能真正理解朱子。然而，若详考其他书信，便可发现，对于淳熙十四年丁未（1187）五月朱子书信中批评傅子渊之弊，[③] 陆九渊并非没有回应：如同年十月他回朱子信时言："傅子渊前月到此间，闻其举动言论，类多狂肆。渠自云：'闻某之归，此病顿瘳。'比至此，亦不甚得切磋之。……大抵学者病痛，须得其实，徒以臆想，称引先训，文致其罪，斯人必不心服。纵其不能辩白，势力不相当，强勉诬服，亦何益之有？岂其无益，亦以害之，则有之矣。"（《陆九渊集》，第181页）显然，陆九渊对于朱子的批评并非完全认同，且他认为此前朱子所指责傅子渊、包显道（？—？）等人"轻为高论"、"谓圣贤之言不必尽信"（《朱子文集》第四册，第1437—1438页）等说法，只是凭借势位而强引后学曲从，难收"心服"的诲人之效。陆九渊此间对文，已隐隐透露出对朱子的不怿之情。再者，引文中李绂

---

① 陈建论此封书信为"朱陆始同终异之关要"，其言："（朱子）晚年，益觉象山改换遮掩之弊，自此乃始直截说破，显然攻之矣。"（明）陈建撰，黎业明点校：《学蔀通辨》，收入《陈建著作二种》，上海古籍出版社2015年版，第104页。

② 朱子言："某气质有病，多在忿懥。（闵祖录）"（宋）朱熹撰，黎靖德编：《朱子语类》，山东友谊书社1989年版，卷104，第56页。

③ 朱子于淳熙十四年丁未（1187）致书陆九渊："区区所忧，却在一种轻为高论，妄生内外精粗之别，以良心、日用分为两截，谓圣贤之言不必尽信，而容貌词气之间不必深察者。此其为说乖戾狠悖，将有大为吾道之害者，不待他时末流之弊矣。"《朱子文集》第四册，台北德富文教基金会，2000年，第1437—1438页。

提及的第十八书系朱子致门人程端蒙（1143—1191）信中"临川之辨，当初似少商量，徒然合闹，无益于事"等言，即引文（3）之书，指的是程端蒙致书谴责陆九渊作书论太极，① 进而引发陆氏怒而焚书之事。朱子宽慰程端蒙此举"徒然合闹，无益于事"，但是李绂却将此信误读为朱子"已悔争论之过"，言："'临川之辨'数语，盖指丙午诸书，朱子固已悔为'少商量'矣。"（《朱子晚年全论》，第111页）可见李绂在"晚同"前提下，先是有意消解了争讼前双方积累的不满情绪，借此缩短此番争论时程；并曲解书信内容，形构朱子易"忿懥"性格，以及"自悔"争论的形象。

引文（2）是朱子戊申正月再复陆九渊之书，朱子言陆氏兄弟"辞费而理不明"，已是明确的批评。李绂视此封书信为："两先生'无极'、'太极'之辨始此。"（《朱子晚年全论》，第26页）其后随即完整迻录了这场论辩书信内容，包括陆九渊致书与朱子答书，这是有意呈现论辩原貌始末。然而，此举与当初编纂《朱子晚年全论》时所订"讲解经义与牵率应酬之作，概不采入"（前揭引文）原则并不相符，对此，李绂解释言：

> "无极"、"太极"之辨，亦系论经书义理，不当编入。然两先生异同之端，实由此数书往复而起。而陆子答书，亦论及学术，则亦不容舍置。又今时科举之士，止知有烂时文俗讲章，凡儒先之书，概未寓目。《陆子全书》固未甚流布，即《朱子大全集》，藏者亦稀。其有好名之士，偶购一部，亦庋之高阁而已，求其能全阅一过者，千不得一。道听涂说，矢口云朱陆辨"太极"、"无极"，试扣以朱子所论如何，陆子所论如何，则皆喑而莫能答也。故特编入数书，俾世俗学者得览观焉。其议论之孰得孰失则览者自知。……惟勿以先人之偏私横于胸中。（《朱子晚年全论》，第36—37页）

---

① 朱、陆分别就当时"无极"论辩之事致书友人，包括林栗、罗点等人。朱子门人程端蒙则因此事致书指责陆九渊，陆怒而焚书。引文"临川之辨……其书近日方答之。"文中"其书"指戊申年十一月八日所答陆子静论太极第一书；"无益于事"指程正思曾移书责象山之事。参见陈来《朱子书信编年考证》，生活·读书·新知三联书店2011年版，第283页；《朱子哲学研究》，第393页。

李绂说明辑录这些书信之因，乃是虑及这场论辩事涉朱陆异同之始，在当时士人局限于科举时文，未能考察相关书信全貌，仅能随人附和，更遑论真正理解此论辩意涵。换言之，在悬为功令的程朱理学掌握话语权前提下，不免有立场偏颇之疑虑。是以，即使李绂认为争论"无极""太极"乃"不急之辩"（《穆堂初稿》，第388页）①，但却在此完整编录朱、陆书信，潜藏的用意应是呈显陆九渊在这场论辩中的视角，并且呼应朱子晚同于陆子之宗旨。李绂评论这场论辩言：

> 朱、陆两先生辨"无极"、"太极"数书，余尝谓两先生可以无辨，盖非辨其理，乃辨其辞耳。如谓"太极之上，别有无极"，虽朱子不能以为是。如谓"太极无形而有理"，即陆子未尝以为非，是两先生所见之理，固皆同也……陆子引书谓"有言逆于汝心，必求诸道"，而朱子谓"以来书求之于道而未之见，但见其词义差舛，气象粗率"，无乃过乎？然陆子书末数行，稍伤峻急，亦忠告而道之本善，此异同之端所以日滋，而附和者愈转而愈失，几于不可合并，岂不惜哉！（《朱子晚年全论》，第44—45页）

显然，李绂认为朱、陆所区分的形上形下范畴，以及对于"太极"属形上、无形的理解并无二致，只是在用语概念上的相互辩驳而已，实无涉于思想体系之争。他专就朱陆前二回书信中的往返辩辞作对照，如朱子谓"无极而太极"系"莫之为而为，莫之致而致"，实近似象山所言的"自然"（《朱子晚年全论》，第44—45页），用语不同但意义并无差别，唯朱子往往不愿曲从象山之说，言辞的争执由此而生。在李绂看来，朱、陆两造歧见的扩大，主要在于论辩过程中遣词用语激切，双方均有失气度；此说正契合《朱子晚年全论》所言双方互论"冰炭之不相入"，然而李绂不免仍以"忠告而道之本善"回护陆九渊言辞"峻急"之过；另一方面，这场论战中，双方各自有朋旧门人应和，也助长了水火之势；引文（4）、（5）即是论争过程中朱子致书邵机（？—？）、赵彦肃（1148—1196）谈

---

① 按：段景莲点校本将"始启争无极不急之辩"依文意校改为"始启争无极太极之辨"，这是按朱陆争论内容而误改李绂用语，未能通察李绂对此争议之评述。

及陆九渊放言高论，且肆意将论书遍寄他人的情形。对此，李绂言："所云子静书，即论'无极'书也。是否无义理，自有公论。……以与邵书示朱，又以与朱书示邵，盖欲互相讲明此理耳。"这是反驳朱子指责象山"暴扬""甚得意"之说；另外，李绂更指出："今既谓陆子有见于心学，又欲其别为穷理工夫，不知与大程子之说相合否？且陆子《年谱》称其自幼读书便着意，伯兄夜分起，尝见其检书，非不穷究者也"(《朱子晚年全论》，第 201、203—204 页)，朱子对陆九渊的批评从问学工夫扩及人格訾议("人欲横流，不自知觉")，固然不符实情，然而李绂以陆氏问学成长历程作回应，这是分属不同层面的表述，同样是无法有效澄清问题。然李绂更为重视的，应是最后两封休战的书信：此时朱子自知已难以说服陆九渊，故在信中最后建议"各尊所闻，各行所知"，表示无意再论。《朱子文集》所收录书信止于前此二回往返的两封，李绂则将其后的两封书信增录于《朱子晚年全论》，内容是陆九渊因政事公务所拖磨，迟至当年 7 月才致书表达对于朱子欲休战之答书感到"怃然"，并言"甚非所望"；以及 8 月朱子答书："闻象山垦辟架凿之功益有绪，来学者亦益甚，恨不得一至其间，观奇揽胜。某春首之书，词气粗率，既发即知悔之，然已不及矣。"(《陆九渊集》，第 31、507 页)① 这两封书信已无关乎"无极""太极"的讨论，李绂摘引于论辩之后，是有意深化朱子"悔之"形象；同时李绂更言："此书见《象山年谱》，而《朱子大全集》不载。盖凡朱子自悔之语，编《朱子文集》者，必削而去之。"(《朱子晚年全论》，第 54 页)② 昭示李绂不满当时学界尊朱学风下采择的偏颇，以及撑持象山学术之心。

引文（6）是朱子于陆九渊辞世（宋光宗绍熙三年壬子，1192）后，隔年回复陆门弟子赵师雍（？—?）来信表示有意"论辩有所底止"之

---

① 李绂引录于《朱子晚年全论》，中华书局 2000 年版，第 53 页。按：李绂引录"闻象山垦辟架凿之功"作"闻象山开辟架造之功"。

② 按：李绂又言："编录《文集》者，门户鄙见，务持胜心，凡推许陆子者，亦必削而不存。"事实上，不仅朱子文集的编录有佚缺称赞象山的书信的现象，陆九渊文集的编纂同样有类似的情形。主要佚缺的内容、文句，大都含有表彰、服膺对方学说，或观照对方论点而反思、自省己说的文字。相关讨论，参见顾宏义《朱陆之争与朱熹陆九渊往来书信的佚缺》，《中原文化研究》2019 年第 4 期。

书。即使因着陆九渊之逝而有意放下昔日论学争辩，但朱子对自身"求艰""察审"之学极其自信，并反讥陆学为"道听涂说于佛老之余，而遽自谓有得者"。对此，李绂评言：

> 陆子之存也，则率寮友诸生听其讲，又请笔之于简而受藏之，以祈不迷于入德之方，《鹿洞讲义题跋》可考也。迫陆子之没，则诋为"道听涂说于佛老之余"，"尝笑其陋而讥其僭"，与从前《跋》语不嫌稍牴牾乎？盖论"太极"、"无极"，正在陆子没前一二岁间，愤怒之余，故其言如此。（《朱子晚年全论》，第 199 页）

李绂先是回溯朱、陆于淳熙八年辛丑（1181，52 岁）的南康之会中，朱子既称誉陆子讲论，对比在其辞世之后严词抵斥，推测如此矛盾的态度，或许正是由于无极之辩后的"愤怒之余"所致。虽然李绂这样的说法，明显是为了符合朱子"晚同"陆学的脉络而作的权宜之解，然而却也同时与先前所言朱子对这场论辩已有悔悟之情的预设不符了。

（二）王懋竑：不得已而始诵言攻之

其次，考察王懋竑对于这场论辩的评述。基本上，王懋竑认为朱子于鹅湖之会（淳熙二年乙未，1175，46 岁）前已然确立思想体系，其后并没有因与陆九渊交游而有所变趋。是以，王懋竑尊朱视角下所书写的鹅湖之会，不仅会前增录了朱子对陆学的质疑，预示了朱、陆之学的差异，又刻意删削会中陆门弟子的记叙以淡化二家论学相通之处，添述了"子寿悔其非，而子静终身守其说不变"（《朱熹年谱》，第 69 页）[①] 的理路，将朱子形塑为苦心劝诱象山返归正道的惓惓之师；[②] 王懋竑认为，其后因陆九龄（字子寿，1132—1180）早逝于淳熙七年庚子（1180），朱子判定自此失去训勉象山的助力，最终才转而严辞抨击陆学。顺此脉络，故而

---

① 按，此语乃据陈建《学蔀通辨》中引戴铣《朱子实纪》所记，并非广为流传之版本。参见（明）陈建《学蔀通辨》，上海古籍出版社 2015 年版，第 92 页；（明）戴铣《朱子实纪》，收入《续修四库全书》第 550 册，上海古籍出版社 2002 年版，第 384 页。

② 参见田富美《清初朱陆异同论争的一个侧面——论王懋竑〈朱子年谱〉中鹅湖之会的书写》，《台大中文学报》2021 年第 72 期。

王氏言：

> 癸卯《与项平父书》，有"去短集长"之言。丁未《与子静书》，又言："所幸迩来日用工夫颇觉有力，无复向来支离之病。"其所以招徕劝诱之者至矣。而子静后来声望益高，徒党益盛，恣其旧说，日以横肆，朱子不得已而始诵言攻之。（《朱熹年谱》，第 352 页）

王懋竑为强化朱子对陆九渊的"劝诱"之心，将朱子《与项平父书》《与子静书》中的谦词及对二家学术反思，[1] 甚至对自身为学工夫的调整，都理解成朱子苦心宣教的招徕之言。是以，相对于李绂从晚同的角度主朱、陆龃龉"非辨其理，乃辨其辞"，并形塑朱子易怒、自悔的图像；王懋竑除了塑造朱子为维系儒门道统之良师，另一方面则于《朱子年谱》淳熙十二年乙巳（1185，56 岁）立"辨陆学之非"条，其下摘引了自《曹立之墓表》、"葱岭"纷纭至绍熙年间朱子对陆学严厉抨击的相关书信 22 封及诸多《语录》，显示其极力揭示朱、陆相异的主张。上引文中，王懋竑营造朱、陆关系走向针锋相对，源于象山学术声势"益高"，以及陆门弟子"益盛"。前者即呼应了"招徕劝诱"不成后的转折，后者则是点出了朱、陆对于傅子渊、包显道等人批判意见的相左。

按王懋竑编纂时惯将同一事件集中辑录之例，[2] 他所架构朱子力辩陆学之谬的时程肇始于《曹表》、"葱岭"事件。然而，面对朱、陆双方文献中未见有激烈的言辞交锋，王氏自然熟习相关文献且了然于心，故言：

> 象山答书虽不以《墓表》为然，而于来书语一一酬答，未尝有

---

[1] 如朱子言："大抵子思以来，教人之法，惟以'尊德性'、'道问学'两事为用力之要。今子静所说，专是'尊德性'事，而熹平日所论，却是问学上多了。……今当反身用力，去短集长，庶几不堕一边耳。""熹衰病日侵……所幸迩来日用工夫颇觉有力，无复向来支离之病，甚恨未得从容面论，未知异时相见，尚复有异同否耳？"《朱子文集》第六册，台北德富文教基金会，2000 年，第 2550 页；第四册，台北德富文教基金会，2000 年，第 1437 页。

[2] 王懋竑于《朱子年谱考异》"辨浙学"条下辑录了癸卯、甲辰、乙巳、丙午等年之书信，并言其辑录原则："盖以年分，则散而不可以纪，故类聚于此，后辨陆学、陈学皆仿此例。"《朱熹年谱》，中华书局 1998 年版，第 356 页。

激怒之意也。其谓因《曹表》而有所激，或诸葛诚之揣度之辞耳，未必其尽然也。……《续集·答刘晦伯》有"为陆学者以为病己，颇不能平"，则指显道。……象山之激怒，或因"葱岭带来"之云，或因力攻子渊之故，皆未可知。……丁未，朱子再书，始答论子渊事，辞气颇慢，至有势力不能相敌之语，此其激怒可知。（《朱熹年谱》，第367—368页）

关于引发朱子力辩陆学之非，王懋竑列举了三事，分别是《曹表》、"葱岭"之喻的答书，以及前文已述及淳熙十四年丁未（1187）针砭陆门弟子傅子渊。基本上，王懋竑透过文本的解读已看出象山对于《曹表》、"葱岭"并未有过激的应答，故言"未必其尽然"，于是只好将二人启衅时程向后推迟至丁未年朱子诉议陆门傅子渊等弟子，则距离原先所设定的《曹表》时序已有四年的差距了。而王氏既已辨析出不应将争端归结于《曹表》，但却仍将之系于"辨陆学之非"条下，主要是沿用了明代程瞳、陈建等反陆王心学者的说法；[1] 此举无疑是加深、扩大朱、陆对峙情势，用以彰显所力主朱、陆相异的思维框架。

为彰显朱子"鸣鼓攻之"以营造出朱、陆剑拔弩张的争讼态势，王懋竑采取的策略，是将引文（1）中朱子书信的后段话："浙学尤更丑陋，如潘叔昌、吕子约之徒，皆已深陷其中，不知当时传授师说，何故乖诡便至于此？深可痛恨！"等更严厉批判浙学的措辞删去，在《朱子年谱》中只保留了朱子对陆门狂妄肆言的激愤之情，呼应同年致书陆九渊书所诉詈傅子渊等人"乖戾狠悖，将有大为吾道之害者，不待他时末流之弊"（《朱子文集》第四册，第1437—1438页）。如此一来，在抹去"辨浙学"的同时，朱子辨学对象便几乎聚焦于"辨陆学之非"了。

依照王懋竑所持朱、陆"始终相异"的主张而言，对于"无极"、"太极"论辩理应列为"辨陆学之非"的倾力书写内容；他甚至曾指责明代李默《紫阳文公先生年谱》在"尊陆而抑朱"的立场下，"于辟陆学诸书，盖从芟削，即无极太极诸辨，亦剪裁原文，不复全载"（《白田草堂续

---

① 参见陈峰《清儒王懋竑学术思想研究》，博士学位论文，湖南大学岳麓书院，2019年，第160页。

稿》，第 534 页）。显示王懋竑不但重视这场争讼，也曾主张应完整呈现论辩内容。然而值得玩味的是，在《朱子年谱》中，系于"辨陆学之非"条下有关"无极"论辩的文献，仅载：

> 《答陆子美书一》，丙午；《书二》，丁未；《与陆子静书五》，戊申十一月；《书六》，己酉正月。(《朱熹年谱》，第 151 页)

在此，王懋竑仅载有朱子与陆九韶书信两封以及前两封复对陆九渊书信，共四封的标题记录、时间，至于书信内容，竟完全没有任何引录；另在《朱子年谱考异》只有依时序列言：

> 丙午攻子渊书，《象山文集》无答书……至戊申，遂有无极太极之辨焉。《与象山书》、《朱子文集》不尽载，今兼以《陆谱》、《文集》考之，而附其说如此，后之君子，当有以考而正之也。(《朱熹年谱》，第 368 页)

这对于熟习朱、陆往来书信的王懋竑而言，无疑是十分特出的现象。有学者论析王懋竑讳言这场论辩的原因，乃在于有意节减朱子学中涉及"无极""太极"等相关概念的分量：一方面王懋竑认为太极之论非朱子特意授受之学，乃随时问答之语；另一方面则是认定"太极"概念属朱子早年师从李侗"涵养未发，静中体察"的未发工夫，而中晚年的朱子已不主延平之学，故当有明确划分。① 事实上，王懋竑在讨论朱熹己丑（1169，40 岁）之说时，即指出太极的仁义动静"犹多有未定之论"，王氏言：

> 按已发未发之说、《与湖南诸公论中和第一书》皆在己丑之春，盖乍易旧说，犹多有未定之论。……与张钦夫诸说，例蒙印可一书，当在《与湖南诸公书》之后，亦己丑答也，其中亦多未定

---

① 参见陈峰《清儒王懋竑学术思想研究》，博士学位论文，湖南大学岳麓书院，2019 年，第 171 页。

之论。……如以静中知觉为复，后来改之，而《太极解》以仁中为静，义正为动，与今解相反，岂可据此书以为定论耶？（《朱熹年谱》，第 311—312 页）

王懋竑强调朱熹论学以"涵养须用敬，进学则在致知"为最终定论，时序是庚寅（1170，41 岁），此前的"太极"诸说系为"未定之论"，那么相关的思想便无需特意载录了。更进一步来看，"无极""太极"的诠释所牵涉的形上、阴阳、动静诸说，始终是王懋竑亟欲从朱子学术中淡化的部分，此一原则贯彻于其编纂《朱子年谱》之中，并已具体表现于悉数删削了鹅湖会中朱子"大服"于陆九渊从心性辨析理路所阐释《复》卦之论的史料，① 因此，便不难推知王懋竑有意识地隐没这场论辩，取而代之的是引文（4）《答邵叔义书》、（5）《答赵子钦》两封书信，朱子批评陆九渊"殊无义理""高谈大论"，讥嘲其将论辩书信转录予人"乃自爆扬如此""以为天理尽在是"等言，用来确认这场论辩终究未能相合。只是要说明的是，即便揭示朱、陆之异是王懋竑纂辑《朱子年谱》的目的，但在此仍不免可间接领会出其在诠释朱学时所预设"去形上化"② 之迹，其重要性已然凌驾于朱、陆异同论争之上了。

具体而言，无论是李绂或王懋竑，均无意探究这场无极之辩背后所可能关涉两造思想体系的异同问题，即使所持缘由各自不同，思想立场亦各有所宗，但对于抽象形上之学的消解却有高度的一致性，这未尝不是李、王二氏所处清初学术淡化心性本体论述，转向"厉实行""济实用"③ 趋势下的共同反应。李绂认为这场辩论只是双方语意表达上无法达成共识的一种境况，因此"两先生可以无辨"，这是为"晚同"的观点张本，自不待言；若单从朱、陆两造论辩内容而论，这样的说法亦未背离

① 参见田富美《清初朱陆异同论争的一个侧面——论王懋竑〈朱子年谱〉中鹅湖之会的书写》，《台大中文学报》2021 年第 72 期。按：有关陆门弟子之记载，见袁燮等《陆象山年谱》，《陆九渊集》，中华书局 2012 年版，第 490—491 页。

② 王汎森指出，王懋竑《朱子年谱》及几篇考异的文章，凸显清初程朱阵营中有一种潜在而不自觉的改变，也就是"去形上化"后的朱子学。参见《权力的毛细管作用：清代的思想、学术与心态》，联经出版公司 2014 年版，第 36 页。

③ 参见钱穆《述清初诸儒之学》，《中国学术思想史论丛（八）》，兰台出版社 2000 年版，第 1 页。

实情。但是，他借引文（3）戊申年（1188）书信所塑造的朱子"自悔"形象，则颇可商榷。引文（4）、（5）两封系于己酉年（1189）书信，在时序上晚于引文（3），可视为朱子对于二人争讼的最终定论，更遑论引文（6）中对陆学的批评，似乎亦未见朱子有所谓"悔争论"之意。至于王懋竑在突出朱、陆相异与消解朱学形上之论的两难之中，只能在隐晦无极之辩内容之余，大量摘引朱子批评陆学的语录与书信，除了上文所论及《答赵然道》，又如《答项平父》言"其发之暴悍狂率无所不至，其所慨然自任以为义之所在者，或未必不出于人欲之私"、《答吴伯丰》称"异端之学"、《答詹元善》评"其说颇行于江湖间，损贤者之志而益愚者之过，不知此祸又何时已耳"（《朱熹年谱》，第 150、156 页），这些抨击激烈的文字，作为这场论辩、同时也是对这个"主要"论敌学术的最终定论。

四　结语

考察李绂《朱子晚年全论》与王懋竑《朱子年谱》对于朱、陆异同的态度，其共同之处，是二者均已异于明代《学蔀通辨》《闲辟录》等以"善骂"① 方式表达立场，且在方法上由论析义理转向了辑录、考辨文献，这无疑是清初理学发展样貌之特色。李绂将"无极"之辩及其后朱子对陆学的抨击，视为一时主观愤懑之情，并无碍于朱子晚年趋同于陆学的事实；王懋竑则站在朱陆始终相异的立场，凸显朱子力揭陆学之弊，为强化朱子进学致知的践履工夫，对于涉及形上的"无极"之辩以轻描淡写带过。李、王二人如此诠释史料，招致后人非议是无法避免的。钱穆（1895—1990）即曾评论李、王在义理思想上均未得朱、陆之全，其言：

> 朱陆当时虽有异同，然同有涵养未发一层工夫，而清儒争朱陆

---

① （清）永瑢等撰：《四库全书总目·闲辟录提要》，中华书局 2020 年版，卷 96，第 810 页。按《四库全书总目》评论《闲辟录》言："其说不为不正，而门户之见太深，词气之闲，激烈已甚，殊非儒者气象，与陈建《学蔀通辨》均谓之'善骂'可也。"

者，则大率书本文字之考索为主耳，此则穆堂、白田自为其同，而与朱陆转为异。①

在此，钱穆认为李绂与王懋竑都试图运用辑录、校订等考据学的方式厘析朱、陆异同的议题，且在诠解义理思想上均疏略了所谓"涵养未发"工夫，此一有意消解形上、抽象层面的论述，在本文中即具体表现于对"无极"之辩的处理态度，同样都未能呈显朱、陆学术全貌，实可见一斑。

至于李绂、王懋竑所形塑的朱子图像，则颇相异。清中晚期儒者夏炘（1789—1871）曾批评李绂采取"朱子晚年论陆子之学，如'冰炭之不相入'"与"朱子晚年与陆子之学，则'符节之相合'"之二分策略将使朱子陷于表里不一的"变诈小人"。② 李绂在构作朱子论学转向陆学的过程里，不时潜藏着谪抑朱子之意；表现于这段朱、陆无极之辩书信的评述中，即透显出朱子不仅论学不及陆子，且是如世俗中颇易陷于意气之争的儒者罢了。③ 李绂这种引朱入于陆学，不啻为身处清初推崇朱学的风气之下，陆王心学家的一种有所顾忌，却又含藏着颉颃之意的方式。王懋竑则是将朱子塑造成维系孔孟道统的承续者，受迫于异说横肆而不得已攻讦陆学，企望的是助益于儒门堂庑。从遵奉朱学者的角度来看，王懋竑《朱子年谱》建构了朱子学术前后发展轨迹，并确立了朱、陆殊途，毋宁是明代朱陆学术异同论争以来最为彻底的解决方式，并且完全契合清初崇尚读书讲学之风，是为"有俾圣道"④ 之作。

再者，《朱子晚年全论》与《朱子年谱》系延续了明代以来朱、陆早

---

① 钱穆：《中国近三百年学术史》，台湾商务印书馆1995年版，第327页。

② （清）夏炘：《与詹小涧茂才论〈朱子晚年全论〉书》，《述朱质疑》，收入《续修四库全书》第952册，上海古籍出版社2002年版，卷10，第96页。

③ 除本文所讨论之书信，另李绂在朱子《答叶正则》后评曰："朱子晚年既诋陆，又诋吕，皆讥切极量，故叶正则、陈止斋皆不与辩论，而朱子必欲其辨，诚可谓好辨者矣。"在《答孙敬甫》后评曰："朱子晚年为学，与所以教人，皆用陆子之说。而其议论，则诋之不已，盖胜心之为害如此。"均指摘朱子性格颇有意气之争的倾向。《朱子晚年全论》，中华书局2000年版，第208、299页。

④ 徐世昌等编纂，沈芝盈、梁运华点校：《白田学案》，《清儒学案》第3册，中华书局2008年版，第2057页。

晚异同争讼的议题，然而取径的方式则从义理上既有可相互融通，亦有差异的角度转化成专注于原始文献的考索，包括人物交游关系、往来书信时序脉络的鉴证。这种采取上诉"最高法院"的策略，① 确实近似于稍晚的乾嘉学者的取径模式。然而，这些乾嘉儒者以考据为治学手段，其寻绎之究极自有其理路，如戴震（1724—1777）所主张"由字以通其词，由词以通其道""故训明则古经明，古经明则贤人圣人之理义明"，② 其中的"道""理义"与宋明儒者并非同一内涵，且治学方式亦未必尽符于理学家的"义理先行"。③ 是以，尽管李绂、王懋竑考究朱陆学术异同的方法已不同于宋明儒者，但毕竟仍不失传统理学家"先识得个义理"的原则：史料的纂辑是为了学术立场，文献考辨与判读之间的联系是以学派为先导。这与乾嘉时期所发展的工具性知识，以及由此开展出各类专门之学，应分属不同的学术体系。换言之，《朱子晚年全论》《朱子年谱》实不能视之为纯粹考据之作。是以，从理学发展史的角度来看，李、王二书使朱陆异同论争走向文献考辨的形式，是其特质；而因着"义理先行"的主导，表现于"无极"之辩的议题上，则是朱陆之学形上层面的淡化，展现了清初理学走向实用、讲求实践的特质，但也同时消解了理学思想中最具特色——先验且内在的部分，这或许正是清代理学一方面呼应着时代学风而有所转化；另一方面却也因着删削此一超越向度而难以再有足以与乾嘉新兴义理抗衡的资源，致使逐渐失去学术主流的舞台。

---

① 有学者指出，明末清初以来"性即理"与"心即理"的争论日趋激烈，这场心性官司的两造最后只剩下唯一的"最高法院"可以上诉，那便是儒学的原始经典。参见《清代学术思想史重要观念通释》，《中国思想传统的现代诠释》，台北联经出版事业公司，1987 年，第 412 页。

② （清）戴震：《与是仲明论学书》《题惠定宇先生授经图》，《戴震集》，里仁书局 1980 年版，第 183、214 页。

③ 张寿安以程颐所言读《春秋》应"先识得个义理，方可看《春秋》"为例，指出理学家治《春秋》得以义理为先导，这与戴震所说"志存闻道，必空所依傍"大异其趣。参见《清儒的"知识分化"与"专门之学"萌芽：从几场论辩谈起》，《岭南学报》2015 年第 3 期。

神寿与真死:李二曲生死观探微[*]

刘芝庆

（湖北经济学院）

摘　要：本文从李二曲的生死情切出发，指出他思想中的转变，从早年注重经世，中晚年转向静坐与静修，与他生平经历际遇，息息相关。他一生关怀所在，固然有民胞物与的一面，但对于死亡焦虑所产生的各种安排与规划，同样不可忽视。本文即是专注于这个面向，分析李二曲的思想的特征与生命关怀。文章分成三部分，首先指出学界目前关于李二曲的研究，多注重内圣之学，事实上生死问题也是他关心的问题，他的义理哲学，往往也由此而发；其次是讨论李二曲因死亡困惑，而向内自省的历程，分析敬静、神寿、真死等概念，如何影响了他的生命体证；最后则是对本文作出小结。

关键词：李颙；生死观；遗民；静坐

众多研究者已指出，中国思想中对"死亡"的探索，为数颇繁。不论是儒释道，还是民间习俗，又或是文人雅士学者官员等，都有对死亡的观察与探讨。到了晚明时期，对死亡议题的关注，相较于之前，似乎已变成一种怀德海（Alfred North Whitehead）所谓的"意见氛围"（climate of opinions），成为当时士人文人普遍谈论的主流议题，他们极为在

---

　*　基金项目：本文系湖北省教育厅哲学社会科学一般项目"明代湖北文人结社与三教思想交涉研究"（项目编号：21Y176）的阶段性研究成果。

乎，同时也提出各种观点，尝试解答。正如吕妙芬与彭国翔所说，可以说是一种"晚明理学家普遍的情怀""从以往较为边缘的话语地位突显成为当时以阳明学者为代表的儒家学者问题意识的焦点之一"①：

> 　　如此看法，到了晚明有了明显的转变，晚明许多儒者不但不以追求了脱生死为自私的表现，或不应过分谈论钻研的课题，反而肯定生死课题的探究是人生终极的关怀，更是圣人之教的重点所在。……可见对于生死的关切的确是晚明理学家普遍的情怀。
> 　　……由以上几个方面可见，儒家传统讳言生死的情况在中晚明的思想界发生了明显的改变，生死关切在儒家的问题意识中由"幕后"转至"台前"，从以往较为边缘的话语地位突显成为当时以阳明学者为代表的儒家学者问题意识的焦点之一。死亡已不再是儒者讳言的问题，而成为关联于圣人之道的一项重要指标。

　　其实，何止理学家、阳明学者而已？当时述生言死者，遍及三教，许孚远、冯梦祯、冯梦龙、管志道、焦竑、杨起元、陶望龄、周汝登、李贽、袁宗道、袁宏道、袁中道、江盈科、尤侗、钟惺、谭元春、刘宗周、蕅益智旭、憨山德清、隐元隆琦等人，各有体悟，也都对死亡提出自己的看法。他们对生死的探索，或许不尽相同，立场亦异，可是由死生情切激发出的众声喧哗，却共同建构了晚明时期的重要议题——生死大事。②

　　只是，探讨生死情切的人物，并不止于晚明，更延续到了清初，对于生死问题，他们有着类似的困惑与追寻，往复辩难，亦有不少。目前学界的研究，多探讨晚明，忽略清初，殊为可惜。再者，相较于现有学界成果，聚焦在死后世界、病体、修身延年益寿等问题，较少从墓葬、

---

① 　吕妙芬：《儒释交融的圣人观：从晚明儒家圣人与菩萨形象相似处及对生死议题的关注谈起》，《中央研究院近代史研究所集刊》1999 年 12 月第 32 期。彭国翔：《儒家的生死关切——以阳明学者为例》，《儒家传统：宗教与人文主义之间》，北京大学出版社 2007 年版，第 131 页。
② 　晚明关注"死亡"的现象，论者不少，本文非专门研究此议题，不一一罗列。相关的成果，可见刘芝庆《自适与修持——公安三袁的死生情切》，湖北人民出版社 2017 年版，第一章。

殉国、经世、悔过、遗民等角度，来探讨晚明清初人物的生死困惑，实有不足。本文的主角李颙，生活在明末清初之际，同属氛围之内，也有类似的关怀。不过，经历性格不同，相较于前述晚明诸人分析死后魂归何处、年少风流导致病体痛不欲生、不愿短命早死要延年益寿等问题，以李二曲来说，对上述的问题兴趣不大，他对于死后的想象，不甚关心，而该如何养身延年，也未有太多说明。只是有亡国感受、丧亲之痛的李二曲，与黄宗羲、陈确、徐枋诸人近似，为遗民或贰臣，这种生命存有的实感，以及国家社会的变动，引起他对于死亡的兴趣与思考。本文希望透过他对于生死问题的思考，或许可以增进学界目前对他的理解。

一　因生死困惑而向外追寻：经世

李颙，字中孚，号二曲。清初，与孙奇逢、黄宗羲，并称为三大儒。李二曲年幼家贫，九岁才入小学，从师发蒙，不过两个月，因病辍读，后又跟随母舅读《中庸》《论语》，因旧疾复发，时续时废。目前学界对李二曲的研究，探讨他的儒学观，认为有几个重点，例如体用（体用全学、明体适用），内圣工夫等等，特别是他对本体的运用，其中多以"灵明本体"为称，而"知体"更是他诠释的入手处。① 一般多认为，李二曲由程朱之学转向切己之学，而有"悔过自新"的说法，反躬自省，即为其后来"明体"之基础。只是"明体"之中，又有"明体中之明体""明体中之工夫"，希望借此融会陆王与程朱。换句话说，李二曲收摄程朱及陆王之学，兼采众长，认为合者双美，离则两伤，希望以陆王心性的本体，还有程朱之主敬穷理，相辅相生，成为"体用全学"的"明体"。②

其实，李二曲在日后的人生回顾中，认为影响自己最大的事件，是父亲李可从在崇祯十五年（1642），战死襄阳，此事对李二曲影响极大，日后多有谈及，可见其年轻时的"死亡经验"。毕竟，死亡不只是"自

---

① 俞秀玲：《李二曲独辟蹊径的知体论思想探赜》，《中国思想史研究》2021 年第 1 期。
② 叶守桓：《李二曲思想研究》，博士学位论文，东海大学，2004 年。许鹤龄：《李二曲"体用全学"之研究》，博士学位论文，辅仁大学，2002 年。

身"的事，因为我们更可能亲见他人之死，同样会让我们对于生命的思考，有了更不同的感受。汤恩比（Arnold Joseph Toynbee）就认为死亡往往是"双人的事件"，死去者留给活着的痛苦难过。汤恩比虽以夫妻（couple）为例，扩而大之，就情感的处理而言，亲人师友亦可包括在内。①

父亲死后，母子相依，穷困不堪，"（李）颙母彭氏守寡鞠颙，饥寒坎坷，盖不啻出万死得而一生"②，又因失去经济支柱，缴不起房租，导致被逐。东移西徙，流离失所，隔年才在新庄堡安定下来，结果遭遇兵变，李二曲差点被杀。乡人怜悯他们母子际遇可怜，生活困顿，想给李二曲一个小差役，差堪养家活口，李二曲拒绝，坚持不入公家政府。李二曲因贫穷无法入学，母亲四处请托，尽都无效，于是自学，读《论语》《孟子》，遇不识之字词，逢人便问，可见其好学之心。

有此经历，又逢时局动荡，早年李二曲的学问，既读程朱，也涉猎佛道、经史，更对西洋教典、外域异书等等，都有兴趣。乡人认为他贫困至此，都快养不起自己与母亲了，竟然还有时间读书，觉得不可思议，难以理解："乡人悯其危甚，劝之给事县庭，充门役，谓可以活母命，免沟壑，谢而拒之。次年甲申，艰窘困惫，突常无烟。时父执之子与先生同等者，多入籍衙役，或作胥吏，或为皂快，咸招先生共事，坚不之从。里中恶少以其不应役养母，目以不孝，亦不恤。"（《二曲集》卷四十五，《历年记略》，第 557 页）此后的李二曲，究心经济，又目击流寇劫掠，更是注重兵法，认为这才是有用道学。他对于经世之学的体现，表现在《帝学宏纲》《经筵僭拟》《经世蠡测》《时务急著》等著作，或论天德王道，或说悲天悯人，对于政体所关、典章制度，都有规划，可惜中后期转变思想后，悔其少作，于是尽付祖龙一炬。

早年经世之道的论述，多所不存，后世读者很难得知李二曲的详细擘画。③ 所以研究者论及李二曲早年思想，只能从惠龗嗣《历年记略》、

---

① Arnold Joseph Toynbee, "The Relation between Life and Death", *Man's Concern with Death* St. Louis: McGraw-Hill, 1969, p. 45.

② （清）李颙撰，陈俊民点校：《二曲集·卷十八·与当事论出处》，中华书局 1996 年版，第 194 页。下文出处相同。

③ 关于李二曲的著作情况，包括自焚、传世与未传世著述。可见张波《李二曲著述考略》，《常熟理工学院学报》2014 年第 5 期。

王心敬《关学续编》、龚百药《周至李氏家传》、刘宗泗《鳌屃李征君二
曲先生墓表》《清史稿》等文献探找，多是点到为止，限于资料，难有更
多分析。① 不过，本文对于"经世"的产生，其心理因素，更有兴趣，也
是重点所在。根据李二曲的追忆，他之所以有上述这些著述，其实都是
来自父亲战死。父亲之死，既是为国为民，也是因为世局动荡，更造成
了他在成长过程中的种种遭遇。可以这样说，是源自他对死亡的焦虑：

> 余小子童年丧怙，三党无依，加以屡罹变故，饥寒坎坷，动舆
> 死邻，既失蒙养之益，又乏受学之资。由是耳目所逮，罔非俗物，
> 熏炙渐久，心志颇移。（《二曲集》卷一《悔过自新说序》，第2页）

李二曲承认，自己的种种困惑与生存问题，多来自童年丧怙，先天
失调，后天失养。但是，"动舆死邻"，因为自认学问有缺，所以他反而
鼓励友朋后辈，政务有暇，该多读《实政录》《衍义补》《资治通鉴》，
可以敷求典刑，也可以浚发神智，方可真正能做到经世，才能不愧此生：
"日思此生一过，再有此生否？少壮一过，能再少壮否？思则惕，惕则不
容不及时勉图树立，以随俗浮沉，碌碌无所表见为可耻，以千秋豪杰，
天下第一流自期待。从来世上官宦如麻，其间有彪炳天壤，垂芳无穷，
有泯没无闻，与草木同朽者，此非关区区爵位之崇卑，特在乎能树立不
能树立耳。"（《二曲集》卷十七，《答董郡伯》，第179页）既然要当官，就要当好
官；既然要出仕，就要好好做事。这种由"只能活一次"，思而惕的死亡
焦虑，正如舒兹（A. Schuetz，1899—1959）所说，当人们知道自己一定
会死，却又惧怕死亡，"这种经验，我们拟称为基本焦虑（fundamental
anxiety）"。就某些人来讲，人之所以得以创造、发明、克服障碍、制订
并实现计划，甚至想要支配他人、支配整个世界，都是从这种焦虑引发、
延伸。因此，舒兹认为成长变老是每个人都会经历的事实，代表了人人
都会死，不会永远活着，这种意识于是促使某些人去安排这种事务、进
行各种规划。②

---

① 陈祖武：《清初学术思辨录》，中国社会科学出版社1992年版，第152—154页。
② ［奥地利］舒兹：《舒兹论文集》第一册，卢岚兰译，桂冠出版社1992年版，第225页。

　　类似说法，如果只有寥寥数次，还可以说是一般语言的格套惯性，讲些耳熟能详的流行话而已。李二曲并非如此，他显然挂怀于心，一而再再而三，多次提起。此外，对于为官任职之人，李二曲希望他们一新政治，益崇令德，自然也与它本身的立场有关：不出仕。康熙四十二年（1703），皇帝西巡关中，打算召见他，李二曲抵死不从，坚持不往。其推却之辞，既有情深意切的一面，也有着执拗的任性，同样是跟他自幼时的成长经历有关："仆痛先母贫困而死，誓终身不独享富贵，若将来强之不已，势必以死报母。"（《二曲集》卷十七《答秦灯岩》，第 187 页）这也是李二曲母亲彭氏的意愿，当母亲还在世时，有人劝李二曲应该尝试科考，其母便说："吾儿但令读书明理，师法古人足矣。抉科规利，非吾志也。况吾夫糜躯绝，久已化碧沙场，吾独何心忍复以庸庸富贵易吾儿哉！"（《二曲集》卷二十六《贤母祠记》，第 343 页）不过，康熙召见时，李二曲已经七十七岁，隔年逝世，年老衰迈，积病愈深。何况他饱经忧患，处世阅人，早已熟烂于心，所以自己不出山，按照其他遗民的往例，仍然派了自己的儿子，前往晋见。相关记录，门人惠霭嗣作有《潜确录》，可见李二曲深懂门道规矩，并非无知无识，缺乏社会经验。①

　　如前所言，这种经世之志，李二曲虽然谦虚说是"罔非俗物""心志颇移"，却也是他的担忧所在。毕竟，过度向外的追求，容易出问题："吾人自能食能言以来，情识日杂，天真日凿，记诵之勤，见闻之广，不惟未尝以之祛情识，而愈以滋情识；不惟未尝以之全天真，而愈以凿天真。骋私智，长巧伪，耽功利，骛声名，借津仁义。'色取行违'，而赤子固有之良、本然之心，失而又失，愈不可问。耳、目、口、鼻虽与大人同，念、虑、言、动回与大人异，非小人而何？"（《二曲集》卷四十二《四书

---

① 有意思的是，正如赵园所说，黄宗羲、孙奇逢、李二曲等遗民，名满天下且死备哀荣，而孙奇逢与李二曲作为一代大儒，影响力甚大，其中有不少因素，是由清代官方政府制造出来的。某种程度上，可视为易代之际，当朝与遗民共同进行的传奇制作。例如与黄宗羲得意于"诏钞著述"同具讽刺意味的，还有康熙亲题匾额，悬于李二曲家中大厅，对李氏的褒奖，无以复加。至此，官方借助遗民的教化宣传，无远弗届。只是当事人的真正感受，到底是真诚接受还是受了压力，勉为其难，已经难以查实了。不过还是有人感激涕零，叩头跪拜，如金人瑞《春感八首》序："顺治庚子八月，邵字兰雪从都门归，口述皇上见某批才子书，谕词臣'此是古文高手，莫以时文眼看他'等语。家兄长文为某道，某感而泪下，因北向叩首敬赋。"赵园：《明清之际士大夫研究》，北京大学出版社 1999 年版，第 329—330 页。

反身录·孟子下》，第520页）本欲救世，反而溺世；本欲全天真，反而凿天真。经世了半天，失而又失，结果却成了小人，李二曲当然不至于沦落至此。但避免沦落末流弊病，却也变成了他思考的重心：人生尘世之中，驰骋畋猎，令人心发狂；难得之货，令人行妨，到底要如何自处？就为官而言，若要彪炳天壤，垂芳无穷，造福国民，安社稷百姓，以第一流自诩；反过来说，当官很好，不当官也可以，则不为官而隐居，为人自修，才能"生顺而死生""临生死而不乱，方足以了生死"。只是，面对死亡，又该如何？这种死亡的焦虑，也促使李二曲去安排、进行各种规划，这就是他所谓的体用全学。重心所在，于是从经世转为修身，从向外到往内，明体而适用。修齐治平，自然是连续而相辅相成的，也是传统儒学本有之义。① 只是李二曲相较于早年注重经世致用，中晚年更关心修身自省，这是李二曲的一大转向。

二　因死亡困惑而向内自省：修静

这种变化，来自李二曲开始极度强调"静"："吾人之学，不静极则不能超悟。"（《二曲集》卷一《悔过自新说》，第6页）"只是要主静，静极明生。无事时自不起念，有事时自不逐物。如明镜，如止水，终日鉴而未尝驰，常寂而常定，安安而不迁，百虑而一致，无声无臭，浑然太极矣。"（《二曲集》卷三《常州府武进县两庠汇语》，第30页）因为静，才能"清明在躬，气志如神。恻隐羞恶，辞让是非，随感辄应，不疾而速，不行而至，万善自裕，无俟拟议"（《二曲集》卷二十九《四书反身录·大学》，第402页）。因为静，才能"心体本虚，物物而不物于物，廓然大公，物来顺应。如是则虽酬酢万变，而此中寂然莹然，未尝与之俱驰"（《二曲集》卷二十九《四书反身录·大学》，

---

① 修齐治平、内圣外王（最早出自《庄子·天下篇》，后被儒家引用，发扬光大）、安身经世等，类似的概念或概念丛，学界针对这类的思维，已有不少讨论。主要可见黄俊杰《内圣与外王——儒学传统中道德政治观念的形成与发展》、郭齐勇《中国哲学的问题与特质》、朱杰人《儒学的价值取向——从"修齐治平"到"经世致用"兼论"为帝王师"》、陈弱水《"内圣外王"观念的原始纠结与儒家政治思想的根本疑难》、林远泽《"内圣与外王"：儒家工夫论与知行同轨论的责任判断基础》，或赞成或批判，或调整或质疑，各有精彩，只是因与本文主题无直接相关，不多作说明。

第 408 页）。静，正是李二曲对抗前节所言，诸如骋私智，长巧伪，耽功利，骛声名，借津仁义的法门，所以他说在静中学静，容易，动中习静，才是真正困难："是故金革百万之中，甲科炬赫之荣，文绣峻雕之美，财货充积之盛，艰难拂乱之时，白刃颠沛之际，一无所动于中，方是真静。"（《二曲集》卷二十九《四书反身录·大学》，第 403 页）

李二曲说静，有境界义，重在发明寂然而感通，可以说是从心理面向开展出来，私己的"潜心领会"（experimental realization）。这种从个人为起始，往往能辐射到群体，发扬到人己之间。正如孟子所说，不忍人之心的孺子将入于井，李二曲的看法是："盖心须寂然不动，感而后通，恻隐、羞恶、是非、辞让，随感而形，自然而然，莫非天则，非勉然而然，起炉作灶。若无所感而有意为善，犹未见孺子入井，而辄欲怵惕。"（《二曲集》卷十八《答范彪西彻君》，第 198 页）由静而生出的善心善行，都是自然造化的，可谓无意为善，反过来说，若是有意为善，虽善亦私。相较之下，有意为善，虽然还是比恶好，却可能别有目的，亦有流弊与争议，所以他赞同前人所说"有意为善，虽善亦私"，认为是见道之语。

此外，静也有工夫义，强调静坐："静坐一着，乃古人下工之始基。"关于静坐的研究，这方面的成果很多，一般来说，学者大多同意静坐是理学的重要工夫。李二曲对二程、李延平、朱熹、陆象山、陈白沙、王阳明等前贤的静坐之法，既有参鉴，也有评论。① 运用到自身静坐的认知与实践上，则有《学髓》的"原本生人一念起"图，以及"虚明寂定"表。前者说明人之本初，为无声无臭阔然无对、寂而能照应而恒定，表示心体的虚名寂然，念起之后，有对则为理，无对便是欲，又牵涉到有善为善善亦私，随境迁转歧本真；后者则是具体静坐方法，例如在清晨、中午、晚上，每日三坐，各有缘由；而且一定要用香，清晨为"昧爽香"，第二坐为"中午香"，最后则是"戌亥香"。不论是起而应世，还是以续夜气，或是日间语默动静，清浊相乘，都需以一炷香时间静坐，考查检验自己。

从静到静坐，或以静坐体静，要随观随察，"瞑目静坐，反觉思虑纷

---

① 王雪卿：《静坐、读书与身体：理学工夫论之研究》，万卷楼出版社 2015 年版，第 145—159 页。

挐，此亦初人手之常，惟有随思随觉，随觉随敛而已。然绪出多端，皆因中无所主，主人中苟惺惺，则闲思杂虑，何自而起？静时心无所寄，总繇未见本地风光，见则心常洒洒。无事时，湛寂凝定，廓然大公；有事时，物来顺应，弗逐境驰。"（《二曲集》卷十五《富平答问》，第 127 页）随思随觉，随觉随敛，可借由涵咏圣贤格言，培养义理，胜于空持硬守；又或是在动心起念处，潜体密验，如刮骨，如磨豆，仔细切己，反省悔过："苟有一念未纯于理，即是过，即当悔而去之；苟有一息稍涉于懈，即非新，即当振而起之。"（《二曲集》卷一《悔过自新说》，第 5 页）

为什么动心起念、悔过自新如此重要？李二曲重视"端"字，吾人发端起念之初，若是仁、义、礼、智，便是正念，是心术端，是端正人士；反之，便是邪念，心术不正，非端正人士，则是大异端，不能全以是否为杨墨佛老的信徒来看。另外，李二曲认为，人生天地之间，在尘网中，无所遁逃，只能处境。境，不只是声色货利，举凡人情逆顺、世路险夷、穷通得丧、毁誉寿殀，吾人处于其中，一有所动，欲望则生，追求渴望，自歧自离，不知伊于胡底。而妄认尘缘分别影事，往往自梏真趣，自死生机。所以人秉天地之气成身，本至善无恶，只是为后天气质所拘所蔽，才失去了本真本性："人多为气质所蔽，情欲所牵，习俗所囿，时势所移，知诱物化，旋失厥初。渐剥渐蚀，迁流弗觉，以致卑鄙乖谬，甘心坠落于小人之归，甚至虽具人形，而其所为有不远于禽兽者。"（《二曲集》卷一《悔过自新说》，第 3 页）所以，一念之微是极为重要的，觉察到不仁、不礼、不智之处，都要一一对治，方能解决生死问题："吾人身心，本粹白无染，只因堕于气习，失却本色。若欲还我本体，必须用功于日用常行闲。有不仁、不义、不礼、不智、不信之行，便是吾身之玷，一一治去，使所行皆天理，此修行之见于外也；反之，一念之微，觉有不仁、不义、不礼、不智、不信之私，即是吾心之疵，必一一治去，使念念皆天理，而无一毫人欲之杂，是修行之密于内也。内外交修，行谊无忝，'存顺没宁'，何快如之！"（《二曲集》卷十《南行述》，第 74 页）

所以李二曲才看不起世俗的卑儒，"世儒卑者汩利，高者修名，最高之儒，骛名已矣。其名愈高，则心劳日拙，丧本真愈甚。"（《二曲集》卷十八《答张澹庵》，第 201 页）；或是所谓的学者："近时号称知学能学者，不是标榜门户，支吾外面，便是支离葛藤，堕于言诠。闲有鞭辟著裏，肯刻苦实地做工夫者，又往往闯其藩而未窥共要，涉其麓而未登其巅，自谓深造，尚滞半途。求其学敦大原，见彻底裏，身体力践，务了性命如灯岩者，盖不多见。"(《二曲集》卷十八《答秦灯岩》，第185—186 页)就他看来，这些人离本心，解脱性命生死之道，真的太远了，所以他才赞许并鼓励秦松龄（秦灯岩），认为他可以主持名教，追求大道。

不过，修身是要下苦功的，郑宗义认为李二曲的悔过自新，是落在静坐体证中说的，而静坐体证与内在体证，又是宋明儒学讲逆觉存养的两条进路。李二曲从静坐入手，遂不许内在体证为是。① 郑宗义所言有一定的道理，只是所谓的"不许"云云，未免说得太绝对，"难许"可能较为符合李二曲的意思。事实上，以李二曲的过往来看，他确实很难相信本体工夫、体用圆融的顿悟顿修，其实他并不反对此道，只是认为不可以一开始就视为目标，少数的上根之人，或许还有机会。重点在于，中根之人何其多，我们还是老实做工夫，积深日久才好。他以悔过自新为例，分述上根中材的差异："悔过自新，此为中材言之也，而即为上根言之也。上根之人，悟一切诸过皆起于一心，直下便划却根源，故其为力也易；中材之人，用功积久，静极明生，亦成了手，但其为力也难。盖上根之人，顿悟顿修，名为解悟；中材之人，渐修渐悟，名为证悟。吾人但期于悟，无期于顿可矣。"(《二曲集》卷一《悔过自新说》，第6 页)顿不可强求，我们要悔过自新，要静坐，所以李二曲才说为学要剥皮见骨：

> 学须剥皮见骨，剥骨见髓，洞本彻源，真透性灵，脱脱洒洒，作世闲快活大自在人，方一了百了。若不窥性灵，自成自证，徒摹仿成迹，依样画葫芦，饰圣贤皮肤，为名教优孟，后世有述焉，吾弗为之矣。(《二曲集》卷十八《答王心敬》，第159 页)

剥皮见骨云云，直入核心，追根究柢，可见李二曲说静、讲悔过、述寂然、说本原，并非白描光景，空口说白话而已，他是要求修身者下苦工夫，硬扎稳打的。他以明镜蔽于尘垢、宝珠沦于粪坑为例："辟如明

---

① 郑宗义：《明清儒学转型探析——从刘蕺山到戴东原（增订版）》，香港中文大学出版社2009 年版，第104—105 页。

镜蔽于尘垢，而光体未尝不在；又如宝珠陷于粪坑，而宝气未尝不存，诚能加刮磨洗剔之功，则垢尽秽去，光体宝气自尔如初矣，何尝有少损哉！"（《二曲集》卷一《悔过自新说》，第3页）因此李二曲在"静"外，又刻意标出"敬"："用功莫先于主敬。'敬'之一字，彻上彻下的工夫，千圣心传，总不外此。须当下发愤，拼一个你死我活，实实下一番苦工，犹如人履危桥，惟恐堕落，不敢稍懈。虽隐微幽独，无人指视，而在我一念之知好知恶，知是知非，炯然于心目。即十目十手，万耳万目之指示，莫过于此。岂可悠忽虚度，姑息自恕。"（《二曲集》卷六《传心录》，第46页）敬静并说，自然会让人想到程颐的"才说静，便入于释氏之说也。不用静字，只用敬字。才说着静字，便是忘也。……"① 诸事先主敬，去除杂虑私意，动听言视，不受外物外相所惑所诱，自然自静。正如陈来所言，二程皆极为重视敬，彼此却又有差异，程颢强调敬与诚，也指出敬的一个限度，不该过度恭敬而忽略了内心的愉悦与自在；程颐则是以严毅庄重与主一无适来讲敬，除内心之敬外，还包括了外在行为举止。② 正因为敬能专心致志，所以敬能生静。单讲静，不免流于佛释，但由敬来讲，静便成了可贵的品质，程颐见人静坐，称其善学，即是此意。而从由程颐提出，到了朱熹，主敬与格物逐渐紧密相连，也意味着"主敬"说，已经作为转化身心的工作；"敬"贯动静，是种行为的修行方式。对此，杨儒宾所言甚是："敬贯动静，主敬的工夫论首先和静坐有重叠之处，静坐是价值中性的修行法门，静坐的意义在静坐的形式之外，它是由各教的教义决定的。主敬的工夫论不但和静坐没有矛盾，就身心修炼模式来说，'主敬'是离不开静坐这个方式的，程朱两人既重'敬'，又重'静坐'，可谓理所必至。敬贯动静，这是本质性的定义。而主敬工夫和'集义'、'穷理'有本质上的关联，这更是程朱理学工夫论的特色。"③

对于主敬，李二曲认为是立心为学之始："用功莫先于主敬。'敬'之一字，彻上彻下的工夫，千圣心传，总不外此。须当下发愤，拼一个你死我活，实实下一番苦工，犹如人履危桥，惟恐堕落，不敢稍懈。虽

---

① 程颢、程颐：《二程集》卷十八《遗书》，中华书局2008年版，第189页。
② 陈来：《宋明理学》，生活·读书·新知三联书店2011年版，第六章、第七章。
③ 杨儒宾：《主敬与主静》，《台湾宗教研究》2010年第9卷第1期，第1—3页。

隐微幽独，无人指视，而在我一念之知好知恶，知是知非，炯然于心目。即十目十手，万耳万目之指示，莫过于此。岂可悠忽虚度，姑息自恕。"（《二曲集》卷六《传心录》，第 46 页）李二曲认为的敬，更有戒慎恐惧、努力不懈的成分，如走危桥，如独处幽微，既要如履薄冰，小心翼翼，也要勇猛精进，死而后已，脚踏实地去做、去实践。

不过，与二程、王阳明等人相较，李二曲其实把静、敬二者，视为同义的："其用功之实，在证诸先觉，考诸古训，尊所闻，行所知，而进修之序，敬以为之本，静以为之基。"（《二曲集》卷十一《东林书院会语》，第 96 页）丘宏誉也说李二曲："其学以'静'为基，以'静'为要，以'返己体认'为宗，以'悔过日新'为日用实际。"（《二曲集》卷十《南行述》，第 85 页）更多的时候，他是用静来概括敬，乃至于发愤、下苦功，如走危桥，兢兢战战，夙夜匪懈，黾勉不已。他引用《易》的"进德修业"，说："故必朝乾夕惕，存所固有；日淘月汰，去所本无。一有纵逸，便非及时，斯德无由进而业无由修，人道或几乎息矣！"可见其关怀与焦虑所在。他甚至说王阳明论"动静合一"，是就完成式来说的，若是方学之始、工夫之初，就想要动静合一，那是痴人说梦，还不会走路就想跑步。所以动静还是以静为本，王阳明有了龙场三年静坐，才有了后来的理路大成："新建论'动静合一'，此盖就已成言。方学之始，便欲动静合一，犹未驯之鹰，辄欲其去来如意，鲜不飏矣。即新建之盛德大业，亦得力于龙场之三载静坐，静何可忽也。"（《二曲集》卷二《学髓》，第 20 页）①

静与静坐，默观悔过，返复其初，有人遵照此法修行之后，问李二曲：醒时固然应该要注意，睡着时做梦，往往难以控制，又该怎么办？李二曲说：

---

① 李二曲的理解，就工夫入手处来说，确实有道理。不过王阳明说动静，常常是跟已发未发、心之本体合论的。乍看之下，良知既然是不滞不偏，为何又是未发之中？岂不矛盾？其实，就发生历程来看，虽可分成有/无、已/未，但本体（或称良知、本心、意根等），却难分有无已未，因此作为本体的"未发"，实无所谓"已发""未发"。因此当有人问王阳明关于动静的问题："明是动也，已发也，何以谓之静？何以谓之本体？岂是静定也？又有以心贯乎心之动静邪？"王阳明就以"不睹不闻，无思无为"作为回答，这不是槁木死灰，而是"动亦定，静亦定，体用一原也"。王阳明在其他地方也说过：有事无事，可以分动静；寂然感通，也可以分动静。可是作为"无善无恶"的心之本体、作为心体的良知，就不能分有事无事，亦无所谓动与静。《王阳明全集》卷二《语录二》，上海古籍出版社 2006 年版，第 64 页。

寐时漫无主张，死时又将何如？寐为小死，死为大死，不能了小死，何以了大死。故必醒如此，寐亦如此，生如此，自然死亦如此矣。"存顺没宁"，是善吾生者，正所以善吾死也。（《二曲集》卷二《学髓》，第21页）

就李二曲看来，以静修行，无所谓醒、睡、梦，必须始终不变，一以贯之，才能真正了却死亡的大问题。所以善生，其实也就是善死。值得注意的是，"是善吾生者，正所以善吾死也"，所以才有神寿与真死之分。有人问李二曲，仁者寿，岂其然乎？为何颜子却早夭？盗跖却能老死？传说中彭祖活了八百岁，更远于舜的一百多岁，难道彭祖比舜德性更好吗？李二曲的回应是：

君子修己，要在存理遏欲。久之，欲尽理显，耳目口鼻，虽与人同，而所以视听言动，浑是天理，可以达天，可以参天。天与之死，不妨速还造化；天与之生，不妨久待天工。"存，吾顺事；没，吾宁也"。区区寿夭，初非所计；即以寿沃言之，有形寿，有名寿，有神寿。七十百年，此形寿也；流芳百世，此名寿也；一念万年，比神寿也。若气断神灭，则周公"不若旦多材多艺，能事鬼神"及"文王在上"之言，皆诳言矣，曾谓圣人而诳言乎哉？信得此，则盗跖期颐之死，乃是真死，而颜子三十二亡，未尝真亡也！（《二曲集》卷十五《富平答问》，第133页）

颜子盗跖、善恶有报无报的问题，其实司马迁早在《史记·伯夷列传》提出疑惑。在晚明清初"死生情切"的意见氛围中，类似这种"朝闻夕死"的问题，以及岁数与德性的矛盾，质问疑惑者甚多。[①] 李二曲提出他的看法，如果只用活得多少岁来看生死，俗见罢了，正如陶渊明所云："天地赋命，生必有死，自古贤圣，谁独能免？"有生必有死，是人们必定面临的开始与结果，圣贤如此，凡民亦如是。李二曲就认为，有形寿，有名寿，还有神寿，问者提到的颜子、盗跖、彭祖、舜等，都只

---

① 关于晚明对于此句话的讨论，以及所牵涉到的生死焦虑，可见吴孟谦《晚明虞山书院的生死轮回之辨——兼论耿橘、张鼐的思想立场》，《明代研究》2021年第36期。

能停留在他们的形寿的层次罢了，问者未见其实，不能见理。形寿人人都有，形寿亡灭，生必有死，没人逃得过，等而下之者，形寿未止，还有呼吸，却跟死了没两样："大庭广众，则祗躬砺行，闲居独处，即偷惰恣纵，迹然而心不然，瞒昧本心，支吾外面，斯乃小人之尤，身未死而心先死矣！虽然衣冠言动，其实是行尸走肉。"（《二曲集》卷二十九《四书反身录·大学》，第407页）形寿虽有上下优劣之分，却是众人皆具，可是流芳百世的名寿，以及更难得可贵的神寿，缺乏修行，不能修身，可不是想有就能有了。

而神寿，正是李二曲说的"本"，知是知非，一念之灵明。他最喜欢用"一念之炯炯"来说明："纵生平著述绝世，聪明过人，声名溢四海，勋业超古今，至此总与性命毫无干涉，毫无可倚。若不著意究心，昼夜深体，大事临期，悔恨何及。为今之计，力将从前种种牵缠，尽情摆脱，如鱼鸟之脱网罗，鹿麋之离陷穽，寻一安身立命、归原结果之处，此即'此中一念之炯炯者'是也。时时返照，刻刻打点，上不知有天，下不知有地，前不知有人，后不知有物，惟知有此而已。一意凝此，万虑俱寂，力到功深，豁然顿契。又须急急收摄，愈沈愈寂，以至于一念不起，鬼神莫测，中独惺惺，寸丝不挂。……惟愿勒诸骨髓，千万努力，无更因循，稍涉依逢，大事去矣。急急！"（《二曲集》卷六《传心录》，第47页）不论是著述等身，还是名满天下，学问都必须与性命有关，生命的学问，重在安身立命、归原结果，若不能醒悟，则大势已去，万事休矣。李二曲更以《论语》的"朝闻道，夕死可矣"为纲，解释说："即各人心中知是知非，一念之灵明是也。此之谓天下之大本。立者，立此而已。无他肫肫，此即肫肫；无他渊渊，此即渊渊；无他浩浩，此即浩浩。时出者，由此而时出也；朝闻者，闻此也；夕死而可者，既觌本面，一证永证，一了百了，生顺死安，无复余憾也。"（《二曲集》卷四《靖江语要》，第34页）就李二曲看来，不明于此本，论生说死再多，死生情切再重，都无大用。所以当张珥问他"朝闻夕死"之义，立刻被李二曲指正："年逾半百，不急了当心性，终日沈酣糟粕中，究于自心何得尔！"（《二曲集》卷二《学髓序》，第14页）

既然如此看待生死，康熙二十九年（1690），当他的好友惠含真病重，回天乏术，李二曲写信劝慰，是告别，也是自勉。这一年，李二曲六十四岁，惠含真七十三岁，李二曲对老友说："贤如濂溪、伯淳、象山、阳明，寿皆未满六旬。今寿逾古稀，与先师同，夫复何憾？心如太虚，本无生死，尚何幻质之足恋乎？目下紧要在屏缘息虑，常寂常定，口无他言，目无他视，耳无他听，内想不出，外想不入，洁洁净净，洒洒脱脱，此一念万年之真面目也。时至便行，虚静光明，超然罔滞，夫是之谓善逝。以此作别，即以此送行。"（《二曲集》卷十八《柬惠含真》，第203—204页）

最后，要再说明的是，这种内外的转变，显然与李二曲在顺治十四年（1657）的大病有关，李二曲三十一岁："夏秋之交，患病静摄，深有感于'默坐澄心'之说，于是一味切己自反，以心观心。久之，觉灵机天趣，流盎满前，彻首彻尾，本自光明。太息曰：'学，所以明性而已，性明则见道，道见则心化，心化则物理俱融。跃鱼飞鸢，莫非天机；易简广大，本无欠缺；守约施博，无俟外索。若专靠闻见为活计，凭耳目作把柄，犹种树而不培根，枝枝叶叶外头寻，惑也久矣。'自是屏去一切，时时返观默识，涵养本源……三十以后，始悟其非，深悔从前之误。"（《二曲集》附录三《二曲先生年谱》，第634页）此段广为学者征引，本文不避文繁，更要指出，若是没有之前有关生死的种种经历与体验，则李二曲对"患病"因而有感"默坐澄心"的领悟，很难有密切的联系。

事实上，正因为李二曲的死亡经验，所以他对于"病/困顿/死亡"的体悟，特别敏感深沉，年轻时如此："屡罹变故，饥寒坎坷，动舆死邻"，因而强调经世；三十一岁时患病静摄，转向观静悔过；晚年不应召命，更是以病辞，以病推托："（李）颙本庸谬无似，蒙朝廷过信误荐，垂眷至再，心非木石，宁不悚感。即欲匍匐诣京，一觐天颜，顾病势日甚一日，万难勉强。始则惟患足疾，近又增以痰火，偏身疼痛，度刻如年。耳聩目眩，时常昏晕，疲癃支离之状，难以尽述。疗治百方，卒未见效。因思颙之先人祖父、伯叔，咸以是疾毕命，颙亦何能得久？自去冬卧床，缠绵至今，不扶不动，俨如眠尸；若力疾就程，劳顿致陨，委骸骨于旅次，贻天下以口实……"（《二曲集》卷十七《上鄂制台》，第169页）此类心态，也是明代遗民在殉国与苟活之间，时间中的遗民现象，如赵园所说,是一种"失节"梦魇与遗民不世袭的言行表现。① 不过正如本文所论述的,这种失节以及不世袭的态度,表现在李二曲身上,特别是与死亡焦虑有关的失节问题,正如他的门生惠龗嗣所记,《困卦》云云,可见其一生坚持所在:

> 先生艰难一生,垂老尤甚。数年以来,内外交困,至是而极阨惫,无以自存,家人嗷嗷。先生自谓:"阳九百六之危,偏萃于己,莫非命也? 吾如命何哉? 亦惟顺受其正而已。康节云:'上天生我,上天死我,一听于天,有何不可?'"大书《困卦》"致命遂志"于壁以自坚。(《二曲集》卷四十五《历年纪略》,第 594 页)

朱熹解释困卦的一段话,颇适用于李二曲的夫子自道:

> 李敬子问"致命遂志"。曰:"'致命',如论语'见危授命'与'士见危致命'之义一般,是送这命与他。自家但遂志循义,都不管生死,不顾身命,犹言致死生于度外也。"
>
> (池本)云:"'泽无水,困'君子道穷之时,但当委致其命,以遂吾之志而已。致命,犹送这命与他,不复为我之有。虽委致其命,而志则自遂,无所回屈。伊川解作'推致其命',虽说得通,然论语中'致命'字,都是委致之'致'。事君能致其身,与'士见危致命','见危授命',皆是此意。'授'亦'致'字之意,言将这命授与之也。"②

朱熹以"授"通释"致",目的是要完成他对君子遂吾志,委致其命的理解,所以致命,便是"犹送这命与他"。孔颖达就不是这么讲,并无"授"的意思:"'君子以致命遂志'者,君子之人,守道而死,虽遭困厄之世,期于致命丧身,必当遂其高志,不屈挠而移改也,故曰致命遂

---

① 赵园:《明清之际士大夫研究》,北京大学出版社 1999 年版,第 314—324 页。
② 《朱子语类》卷七,中华书局 1986 年版,第 1842—1843 页。

志也。"① 事实上，正如朱熹所说，《论语》同时有"士见危致命""见危授命"的用法，孔颖达的疏解重点在"遂志"，故守道而死，丧身在所不惜；朱熹却是两者兼顾，并未专言死，只能说是置生死于度外，不管生死，不顾生命。李二曲的自身经历，以及经济的困顿等，让他的解释更偏向于朱熹，而非专言死亡而已。反过来说，这些由死亡逼出来的死生情切，让他对困卦别有会心，感慨极多，所以即便多年以来，内外交困，极疲惫，极不安，难以自存，说到底，仍不过"吾如命何哉？亦惟顺受其正而已！"

三　结论

何冠彪研究明季士大夫的抉择，曾以陈确为例，认为他的生死观最明显之处，是在明亡之后，未能死节，面对内外心境与舆论等压力，沉潜多年，逐步得出来的生死之学。陈确的重点有二，首先，"陈确的生死观对甲申以后士大夫的殉国行为，提出褒贬"，其次，"陈确的生死观亦对时人评价死节的标准，痛下针砭"②。赵园、何冠彪等前辈学者，聚焦在殉国与死节之上，引起或是反映了学界对于遗民心态与死亡观的重视，功不可没。除了陈确之外，其实李二曲也有类似的心境，不过，本文另要指出，明末清初的生死之学，待发之覆，仍有许多，并非只有殉国/死节而已。本文从李二曲对于死亡的省思出发，指出他的行事思想，相较来说，概可分为前期的经世，以及中后期的修静。二者又与他的父母存殁，以及经历际遇，密切相关，可以说他一生常常是在生死情切中，宣幽决滞，密参显证，寻求出路与解脱。顺治十四年（1657）的大病，则是关键，值得注意的是，并非说李二曲三十一岁，患病摄敬之后，再无经世之论，事实上李二曲在康熙三十一年（1692），还曾与抚台建议关中治理的要点，对于饥饿瘟疫之下所存的人民，该如何安顿，招怀流离的方法又有哪些？而设立督农掌水之关，以兴农田水利，是当务之急。还要培植人才，厚恤善类，以励风教等，更是刻不容缓，最后，禁止乐户

① 《周易正义》卷五《困卦》，北京大学出版社1999年版，第195页。
② 何冠彪：《生与死：明季士大夫的抉择》，广西师范大学出版社2022年版，第297页。

贩卖良人子女，卖已买者，希望能由官府出面，代为赎回。这些言论，都可见李二曲并非不问世事，袖手说心性，空谈无用的书呆子。

即便如此，李二曲对于生死的尝试解答，重心确实有所转向。何况经世安身本不必分，也不可分，只是时移世易，处境不同，侧重或有所偏罢了。中晚年后的他，愈来愈偏向"静"，强调修身的体验、体证与体知，正如他自己所说："保身全在修身，而修身须是存心。终日凛凛，战兢自持，察之念虑之微，验之事为之着，慎而又慎，无所容乎人欲之私，而务全其天理之正，如是则俯仰无怍，生顺而死安矣。"（《二曲集》卷三十四《四书反身录·泰伯篇》，第461 页）所以战战兢兢，如履薄冰，如走危桥。李二曲又以慎来解释这种心理状态，来安顿生死患难、人事得失的忧惧："'慎'之云者，朝乾夕惕，时时敬畏，不使一毫牵于情感，滞于名义，以至人事之得失，境遇之顺逆，造次颠沛，死生患难，咸湛湛澄澄，内外罔间，而不为所转，天是之谓'慎'。"（《二曲集》卷四《靖江语要》，第35—36 页）于是存性灵，悔过自新，以静做工夫，以静来修身，都是为了能够生顺而死安，而立志发愿，砥砺德性，就是希望生不虚生，死不徒死。形寿固然如灯灭火熄，重点更在薪火相传，生生不绝，套句《兰亭集序》的话，李二曲所思所想，所念所求，所虑所忧，致命遂志，真是"死生亦大矣！"

近现代思想史专栏

族谱与亚细亚生产方式

——读《金氏族谱》所见

金春峰

（人民出版社）

摘　要： 马克思认为古代亚细亚生产方式是了解东方古代社会的一把锁匙。侯外庐先生将这一观点应用到对中国古代社会的具体研究中，同时指出，这种生产方式在后来东方封建社会以家谱的形式保存到近世。《金氏族谱》记载了金氏家族从汉武帝至民国时代近两千年的历史发展情况。围绕《金氏族谱》，结合历史资料和农村生活的亲身见闻，有关金氏的起源、氏族发展、邑里的区分及姓氏发展等问题，可以得到澄清，这些同时证成了侯外庐先生关于中国古代亚细亚生产方式和族谱之关系的观点。

关键词：《金氏族谱》；亚细亚生产方式；氏族发展；侯外庐

马克思所讲古代亚细亚生产方式是了解我国古代社会的一把锁匙。侯外庐先生对此进行了多年精心研究，在其大著《侯外庐史学论文选集》一书中有好几篇讲它在中国的体现。这种生产方式的基本点是土地公有或国有，不存在土地私有权，这构成东方如印度、中国等王权长期存在、恒定难变的经济基础。马克思、恩格斯指出：

"东方……一切现象的基础是不存在土地私有制。这甚至是了解东方天国的一把真正的钥匙。""这是东方全部政治史和宗教史的基础。"①

"那些目前还部分地保存着的原始的规模小的印度公社，就是建立在土地共同占有、农业和手工业直接结合以及固定分工的基础之上的。"②

"在这里，国家就是最高的地主。在这里，主权就是在全国范围内集中的土地所有权。但因此在这种情况下也就没有私有土地的所有权，虽然存在着对土地的私人的和共同的占有权和用益权。"③

"不管在波斯和印度兴起或衰落的专制政府有多少，每一个专制政府都十分清楚地知道它们首先是河谷灌溉的总管，在那里，没有灌溉就不可能有农业。"④

侯先生指出："在东方古代的形态之下，真正由劳动过程的占有方面起着重要作用的是灌溉和交通。在这样的场合，氏族首长的传统便延续下来，也即是对于公社的保留。"⑤ 这种生产方式"它通过了古代，并没有消灭；非但如此，它在后来东方封建社会还用家谱的形式保存到近世。"⑥ "家谱的形式"，这对本文写作很有启发。

2021 年 10 月 3 日至 4 日，第七届中华家谱展评大会在郑州隆重举行。会议参展家谱 1862 部，评选出"中华好家谱"94 部。《邓州金氏续修家谱》得一等奖。我姓金，手头有的是《汉秺侯邵阳桥头金氏六修通谱》。

从这族谱及我小时农村生活所见，对侯外庐所讲"家谱"与古亚细亚生产方式的联系，颇有一份亲切、贴切的感受。现将所见略述如下。

---

① 《马克思恩格斯全集》第 49 卷，人民出版社 2016 年版，第 415、419 页。
② 《马克思恩格斯全集》第 44 卷，人民出版社 2001 年版，第 413 页。
③ 《马克思恩格斯全集》第 46 卷，人民出版社 2003 年版，第 894 页。
④ 《马克思恩格斯全集》第 26 卷，人民出版社 2014 年版，第 188 页。
⑤ 侯外庐：《侯外庐史学论文选集上》，人民出版社 1987 年版，第 62 页。
⑥ 侯外庐：《侯外庐史学论文选集上》，人民出版社 1987 年版，第 62 页。

一　金氏传奇

小时候，每到冬至祭祖，叔叔带我到金氏新建祠堂吃酒。那里有两块金字横匾，写着："开济两朝""式是南邦"。还有一块老的，写的是"学尊天人（记不太清了）"。我常揣想，这"开济两朝"的祖宗究竟是谁？想起了金日磾，很像；但也没有什么证据。今年，我要弟弟寄来金氏族谱——《汉秅侯邵阳桥头金氏六修通谱》。修谱时间是 2017 年。所谓金氏，并非陕西半坡考古遗址博物馆写的少昊金天氏，黄帝亲生嫡系，而是不折不扣的匈奴后裔，被赐姓为金的金氏。

族谱上用红字写着一副对联：

> 受姓为汉代宗臣，望隆伊周，功盖肖曹，当年人称世家，七叶珥貂荣万古。

> 游官得资阳教职，学秉濂洛，名噪湖湘，此日重新庙貌，三迁手泽浴千秋。

前联写的是金日磾与汉武的一段传奇。据《汉书·霍光金日磾传》，金原是匈奴王子。武帝后元二年春，上游五柞宫，病笃，霍光涕泣问曰："如有不讳，谁当嗣者？"上曰："君未谕前画意邪？（指上年汉武画周公辅成王图给霍光）立少子，君行周公之事。"光顿首让曰："臣不如金日磾。"日磾亦曰："臣外国人，不如光。"上以光为大司马大将军，日磾为车骑将军，及太仆上官桀为左将军，搜粟都尉桑弘羊为御史大夫，皆拜卧内床下，受遗诏辅少主。明日，武帝崩，太子袭尊号，是为孝昭皇帝。于是遂为光副。光以女妻日磾嗣子赏。初，武帝遗诏以讨莽何罗功封日磾为秅侯。辅政岁余，病困，大将军光白封日磾，卧授印绶。薨，赐葬具冢地，送以轻车介士，军陈至茂陵，谥曰敬侯。

金日磾是匈奴休屠王的太子。霍去病大破匈奴，大单于要追究浑邪单于和休屠王的责任，浑邪和休屠决定降汉。但休屠反悔，被浑邪杀。金日磾和母亲弟弟由浑邪带领至汉，被罚养马。汉武游宴之余，日磾率马队受检阅。刚正谨严，目不斜视，相貌堂堂，上异而问之，具以本状对。上奇焉，即日赐汤沐衣冠，拜为马监，迁侍中、驸马都尉、光禄大夫。甚信爱之，赏赐累千金，出则骖乘，入侍左右。日磾母教诲两子，甚有法度，上闻而嘉之。病死，诏图画于甘泉宫，署曰"休屠王阏氏"。日磾每见画常拜，乡之涕泣，然后乃去。日磾子二人为帝弄儿，常在旁侧。其后弄儿壮大，不谨，自殿下与宫人戏，日磾适见之，恶其淫乱，遂杀弄儿。弄儿即日磾长子也。上闻之大怒，甚哀，为之泣，心敬日磾。

日磾两子，赏、建，俱侍中，与昭帝略同年，共卧起。赏为奉车，建为驸马都尉。及赏嗣侯，佩两绶。其弟金日伦子金安上亦因功封关内侯，历武帝、昭帝、宣帝、元帝、成帝、哀帝、王莽执政早期，子孙皆为皇室亲贵，任各种要职（所谓"七叶珥貂荣万古"）。《汉书》赞曰："金日磾夷狄亡国，羁虏汉庭，而以笃敬寤主，忠信自著，勒功上将，传国后嗣，世名忠孝，七世内侍，何其盛也！本以休屠作金人为祭天主，故因赐姓金氏云。"

《汉书·武帝纪》赞汉武："孝武初立，卓然罢黜百家，表章《六经》。遂畴咨海内，举其俊茂，与之立功。……""畴咨海内"包括了匈奴。汉武之雄才大略，在解除匈奴边患和用人上，确非常人所及。

下联写的是桥头（邵阳）金氏的祖先。

从金日磾开始至四十三世，金氏都在长安一带。四十四世祖升任徽州通判，时在唐僖宗会昌年间，遂家新安。僖宗广明元年（880）黄巢之乱，子孙迁至黄墩，筑城居之。邵州桥头金氏是宋朝治平年间（1064—1067 年）任宝庆（今邵阳）教谕的金魁开始的，子孙遂分布于湖南各地。我们属邵东一大支。这一支又分散于周官桥、黄陂桥（老屋）等地。迁到我家黄陂桥的第一代是 1440 年前后，我祖父 1935 年去世，约五百年。我生活的少年时期这里有十来个大聚落村子，所占地盘东西约十公里，南北十公里。周围遍布赵姓、蒋姓（蒋廷黻老家）、刘姓、陈姓。看祖上的婚姻，也就是这几姓的人相互嫁娶。每姓都有自己的大祠堂，小学就办在这些祠堂里。我读的初小是金氏的旧祠堂，名景山小学。高小，先是在蒋氏宗祠，以后迁到廉桥安平乡中心小学，也是在一个大祠堂里。

从邵阳到长沙，走潭宝公路，沿线都是各姓的祠堂。族谱是立于祠堂之上的，体现的是古代氏族社会宗法血缘的遗留，确与亚细亚生产方式有内在的关联。

二 匈奴何许人也？

匈奴何许人也？有不同说法，曾有以为匈奴西迁，是欧洲匈牙利人的说法。有以为是今天的蒙古人。实际《史记·匈奴传》讲得很清楚，他们是夏后氏之苗裔，是炎黄子孙。夏后氏被商汤灭了，一部分人北迁，逐草原而过游牧帐篷生活，习俗遂与华夏商周大为不同。归顺匈奴的中行说讲得很清楚："匈奴之俗，人食畜肉，饮其汁，衣其皮；畜食草饮水，随时转移。故其急则人习骑射，宽则人乐无事，其约束轻，易行也。君臣简易，一国之政犹一身也。父子兄弟死，取其妻妻之，恶种姓之失也。故匈奴虽乱，必立宗种。今中国虽不取其父兄之妻，亲属益疏则相杀，至乃易姓，皆从此类。"（《史记·匈奴传》）

就是说匈奴的习俗是其游牧经济生活条件有以使然。

从秦汉刘项相争以及汉与匈奴的和和战战，双方将领的归顺交往（如韩王信及陈豨之归依匈奴），两者在语言和人种上是没有大区分的。西周时的西戎，戎狄、畎夷氏、犬戎，秦襄公时的山戎，周襄王娶戎狄女为后，晋献公宠妃骊姬的骊戎，晋文公时的赤翟、白翟、义渠、大荔、林胡、烦楼，秦昭王时义渠与宣太后私通。"燕之贤将为质于胡，胡甚信之"等；这些都是中原与匈奴交往的故事。两方实是相貌、文化气质基本相同的人。

夏后氏至汉，分裂近两千年了，相同的原始母语也会变成异域异国之言，有如中原与吴越。吴语，闽南话，中原人是听不懂的。匈奴语和吴语情况类似。单于，阏氏，左右贤王，休屠，浑邪，显示是单音节语言。匈奴几次内迁，归顺汉朝，汉化过程很快。故金日磾及其子孙，很快与汉人融成一体，金的儿子很快就在经学学术上崭露头角，成为明经学者了。

蒲立本《上古汉语的辅音系统》一书附录了一篇《匈奴语》研究综述，广泛讨论了匈奴文化的一批重点词汇的音韵特征，如"駃騠""龙""鞑鞻""孤涂""石羯""单于""酪""屠耆""阏氏"等，表明匈奴语与上古汉语存在深层的交流。

王玉哲先生指出，"春秋时的戎狄观念并不是以种姓或血统观念为根据的，其与诸夏的主要分别，乃在社会性质与生活方式的不同"①。这是确凿无疑的。2017—2019 年河南考古界与蒙古国联合考察了一座匈奴贵族大墓，里面出土了金龙和玉器，和二里头夏墓文物相似，更可证明这点。② 匈奴为奴牙利或蒙古人，纯属猜测之辞。

三　三代礼制——封二王之后

金氏族谱分为三系，第一系为"京兆志""茂陵志"，由金日磾殚传至四十三世——唐会昌三年（843），然后是"徽州志"。金日磾生于前134 年，卒于前 86 年，至 843 年，大约是一千年。"徽州志"，从四十四世至五十七世。五十八世为邵阳金氏鼻祖金魁（1064—1067 年）至我祖父为八十世，大约亦是一千年，合计为两千多年。唐虞至汉，也不过两千年而已。一千年的族居地，在中国农村是很多的。迁到黄陂桥的金氏第一代至我祖父是五百年。商代至武王约五百年，夏至汤武约五百年，合计（夏禹至武王）也才一千年。可以想象，武王伐纣胜利后，封舜后于陈，称东胡公（在一个地方找到的），封禹后于杞，封殷商微子一系于宋，是合乎历史实际的。孔子说："殷因于夏礼，所损益可知也。周因于殷礼，所损益可知也；其或继周者，虽百世可知也。"（《论语·为政》）：所谓"损益"指"存二王之后，改服色，易正朔，夏尚黑、殷尚白，周尚赤"等。《论语》讲社树"夏后氏以松（墨绿色），殷人以柏（白的谐音），周人以栗（红赤）"（《论语·八佾》）。"用夏之时，行殷之辂（安阳殷王陵有展出）服周之冕。"（《论语·卫灵公》）这些是三代礼制的实录。孔子曾至杞、至陈、至宋，调查文献与历史，得《夏时》和《坤乾》（宋人

---

① 王玉哲：《中国古代史卷》上册，《论先秦的戎狄及其与华夏的关系》，兰州大学出版社 2000 年版，第 349 页。

② 转引自《河南日报》客户端记者张体义：从河南省文物考古研究院获悉，由河南省文物考古研究院、洛阳市文物考古研究院和蒙古国乌兰巴托大学考古学系共同编著的《高勒毛都 2 号墓地 2017—2019 中蒙联合考古报告》，由科学出版社出版发行，全面翔实地报道了这次联合考古工作成果。《河南日报》2022 年 10 月 27 日。

改写的《周易》）。这可谓一次村落考古。周武王之封三代后裔，当是沿袭古制——习惯法。这从一个侧面证明夏商周源自一个原始族群，有血缘亲情（远亲）的关系。

聚族而居——古代所谓部落联盟，实际就是大族的联盟，就像我们地方金姓、赵姓、刘姓、蒋姓等的联盟。这决定了古时的贫富分化——奴隶主与奴隶或农奴的两分，是在族内进行的，产生了马恩所称氏族奴隶制。战争导致整个氏姓战败被俘为奴，也是它的来源。"昔武王克商，成王定之，选建明德，以蕃屏周。分鲁公以殷民六族，条氏、徐氏、萧氏、索氏、长勺氏、尾勺氏。使帅其宗氏，辑其分族，将其类丑，以法则周公，用即命于周。分康叔以殷民七族，陶氏、施氏、繁氏、锜氏、樊氏、饥氏、终葵氏；皆启以商政，疆以周索。分唐叔以怀姓九宗，职官五正。三者皆叔也，而有令德，故昭之以分物。"（《左传·定公四年》）被分的氏族即是氏族奴隶或农奴。

氏族又特别重视谱牒或族谱，这与特别崇拜祖灵有关。殷人崇拜天，更崇拜祖灵。占卜直接求问的是祖灵。祖灵是氏族的最大保护神。孔子讲禹，也说"致孝乎鬼神"。"鬼"即氏族祖宗神。周人亦有祭天与祭祖之两大祭祀系统。《史记》所记殷商的世系就是王室的族谱、谱牒。世家大族大都是有谱牒的。"徒手而食者，不得立宗庙"，当然没有资格建祠堂、修家谱。他们是奴隶、农奴，依附于土地和主人。

按宗法，有爵位的人，其财产和爵位是传于嫡长子的，所以族谱非常重要。陶侃有爵位——长沙公，传于嫡长子，陶潜一系乃庶族。金氏在西汉王莽篡汉以前是世家大族，地位显赫，所以族谱一直修了下来。嫡长子是大宗，其余是庶子、小宗。我祖父是嫡长子，父亲是长子，我是长孙，祖母逝世时（1946 年），因我父亲已逝世，就由我领头发讣告。财产叔父们平分，但礼节上还是宗法的遗留。族谱体现尊尊亲亲原则，按辈分和长幼排列名单。只入男丁，女儿不入族谱，非嫁人为妻，就会消失无影。

我在邵阳的老上级肖模同志是邵东肖家冲人（1954—1957 年任邵阳市委文教部部长，退休前任邵阳市教育局局长）。那一条山冲冲里都是肖氏一族。他们也六修了族谱，请他作了《序言》。他们可能是以相国肖何为始祖，算起来，六修族谱也历时两千多年了。

学界不知"存亡国，继绝世，举逸民"之确为三代礼制（习俗或传统），及其与姓族之密切关系，对夏后氏的存在，寄托于甲骨文之文字作为证据，可谓见小失大了。

四　王土王臣

金姓和我们周围的赵氏、蒋氏、刘氏、陈氏等一样都有自己的一块十多平方公里的地盘。这地盘是谁划定的？不可能一开始就由政府划定，也不可能是氏族首领协商而定，按情理，应当是自然形成的。"普天之下莫非王土。""王土"即王管辖下的公有土地，谁都可以开垦。谁开垦了，所有权（使用权）就是谁的了。楚国"筚路蓝缕，以启山林"，在湖北湖南开垦了大量的山林。周天子管不着，他开垦了，就是他的了。人丁慢慢多了，势力大了，又兼并其他的土地人口，人多势大，楚国就这么建立起来了。陶潜诗："开荒南野际"，"土田日益广"。他的田园是他家开垦出来的。开的土地原来是公有土地。陶潜家住庐山，他死后，同姓子孙继续开垦。白居易被贬到九江，访问陶潜故里，未找到陶潜直系子孙，陶氏大族仍在。晋代仍是王土、土地公有，谁都可以开垦。

周天子以武力分封，占有各地的土地人口，形成"普天之下，莫非王土；率土之滨，莫非王臣"的局面。王土上的人是"王臣"，开了田土，必须向王交税纳赋，服劳役兵役。他们的耕地是只有占有使用权的，并无私有权。所有权还是王的。

西周《散氏盘》记有两家田地争执的诉讼。鲁国的颛臾国到孔子时，被季氏、冉求所灭，占有了其田产、人口。鲁公室的田产、劳动人口也被三家四次瓜分。人口土地的争夺很激烈。王、诸侯、卿大夫有专属官员管民事户籍，王、官府是人口与土地的所有者。

宋以后有了土地的私人所有权。黄陂桥金氏属邵阳县安平乡第十三保，十五甲，有保长，甲长，他们的主要任务是管征兵、纳粮。保甲制，王安石就推行了。学界常说，民国时期的中国面貌，基本是由宋代奠定的，这从族谱亦可看出。

黄陂桥的这一支，从元代末年开始，经历明代清代，农村面貌没有什么变化，只是人口在不断增多，开垦的土地在不断增多。我祖父这一辈，周围各姓的边界都定了，边界之内再无余地可开垦了。黄陂桥金氏第一代开垦的是平原、水利灌溉好的地方，至我祖父，田地则是在山坡丘陵处开垦出来的。容纳不了的多余人口就往小集镇和邵阳、衡阳等城市转移。

黄陂桥街道蜿蜒大概有两三里路长，并非真正的市场，仍是金姓居住区，只是依山形如此建屋而已。山下出泉，黄陂桥街东西有两泉，出水量很大。井田，有井有田，就可耕种居住了。男耕女织，基本上自给自足。不足的，赵姓开了一家肉铺杂货店，我家也开了一家。本家堂叔开了个药店。要买书本、文具、衣服、好的布匹、煤油等，则到十二里路的两市镇去买。古代"工商食官"，城市支配农村。"宗子维城"，除武装殖民，建立乡隧制，工商都在城里，是重要原因。

氏族内，贫富的分化已很显著。我家有几亩地是从本族人买来的，租给本姓的佃户耕种。买田的财富则由经商赚来。祖父所建的院落在交通线上，变成了当地最好的地方，有十五间房屋，面向大路，有两个店面，有长廊式的屋檐，摆着长凳，可供过往人员歇息，拱门上有"官盐"两字遗留着。想来以前是经营过官盐的。官盐停了，代客收山货，如黄花菜一类东西。商业财富的积累用来买地、盖房。工商业是引起贫富分化的重要原因。祖父名下的财产平分之前，我父亲和三叔已各自经商积累了一笔私产，买了好些地。

金氏聚居区除天然的两口井泉以外，还有一条小河为金赵两姓分界线。小河上筑有水坝，蓄水灌溉。院落旁都有人工挖出的大水圹，供饮用和灌溉。犹如马恩所指出，古代氏族公共权力的产生，修筑水利工程是重要原因。从族谱聚居也可看到。

五　邑和里

以今观古，邑和里是有区分的。邑是氏族聚落地区，"聚族而居"，如金氏、刘氏、赵氏、蒋氏的聚居地，可称为金邑、刘邑、赵邑、蒋邑。《论语》讲到"邻、里、乡、党"；又讲到邑，十室之邑、千室之邑；前者是行政单位，后者是居民氏族聚落。《论语·公冶长》："求也，千室之邑，百乘之家，可使为之宰也。""十室之邑必有忠信如丘焉者，不如丘之好学也。"《左传·庄公二十八年》："筑郿，非都也。凡邑有宗庙先君之主曰都，无曰邑。邑曰筑，都曰城。"《左传·襄公二十七年》："唯卿备百邑，臣六十矣。"《睡地虎秦简》附《魏户律》："民或弃邑居野。"国都、京师是在邑这个基础上发展起来的。邑有小有大，可从小到大，故有十室之邑，千室之邑。黄陂桥金氏这族开始只是几户的聚落，可称小邑。到我祖父一代，就是千室之邑了。行政单位则是人为的、整齐划一的。古时乡村人口的聚居以血缘亲情为纽带，从事农业生产。"都"——城市才会异姓杂居。黄陂桥街上有杨姓、赵姓。农村则全无异姓。《周易古经》许多爻辞讲"邑"："不克讼，归而逋其邑人三百户。""王用三驱，失前禽，邑人不诫，吉。""自邑告命。""利用行师征邑国。""行人之得，邑人之灾。""晋其角，维用伐邑。""有厉，告自邑。""升虚邑。""改邑不改井。"邑人走了，换新人了，或盖新房了，还是用旧井。"邑"兼有聚居和行政管理的两重职能，无邻、里、乡、党这些行政单位。"邑人三百户"，这是很大的邑。《左传》中，"里"多为长度单位或形容词。

《国语·周语（中）》："定王使单襄公聘于宋，遂假道于陈，以聘于楚。……司空不视涂，宰不致饩，司里不授馆，国无寄寓。"司里与司空都是职官名。"司里"非后世"五十家为里"之行政里长，系驿馆之礼宾一类职官。见到青铜器铭文上有"里"字就解为里长，是不对的。

《睡地虎秦简》讲到治狱，一定写明他是"某里"人。"里"之成为行政单位是春秋末战国时代的事。

《说文》没有区分邑和里两者。"邑"甲骨文上为口，下为跪坐之人形。古时坐即跪坐，意谓聚居。口会意为疆域、围墙、水沟，所谓"城廓沟池以为固"。如半坡、杨官寨周围之水沟。"里"由田和土组成，是地域的意思，可在此基础上作行政管理区分。《国语·齐语》："制国，五家为轨，十轨为里，四里为连，十连为乡。"《管子·小匡》："五家为轨，十轨为里。"《管子·度地》："百家为里。"山东银雀山竹简《田法》："五十家而为里。"《周礼·小司徒·遂人》："遂人掌邦之野。以土地之图经田野，造县鄙形体之法。五家为邻，五邻为里，四里为酂，五酂为鄙，五鄙为县，五县为遂，皆有地域，沟树之，使各掌其政令刑禁。以岁时稽其人民，而授之田野，简其兵器，教之稼穑。""里"亦是隧野之行政单位。杜正胜院士说："郊野聚落多名邑，城内社区则称为里。""邑是独立的聚落，里则是国或都内的社区。""总而言之，城内之里五十家，城外之邑三十家，大概是古代聚落的通相吧！"以城乡区分邑和里两者，应是不对的。"五十家""三十家"的说法也没有根据。"邑"一定以氏族聚居而从事生产，非离氏族而存在的经济上的"农庄"——农业经营单位。杜院士强调其为"农庄"，亦有片面性。[①]

《周礼·地官·小司徒》又谓："乃经土地而井牧其田野。九夫为井，四井为邑，四邑为丘，四丘为甸，四甸为县，四县为都。以任地事而令贡赋。凡税敛之事，乃分地域而辨其守，施其职而平其政令。""井"多是人工打出来的，兼饮用和农田灌溉。华北平原到处都有井。孟子有"井田制"的说法，每一井周围有八家，每家耕地一百亩，中间一百亩为公田，八家耕种它，收获上交领主。"井"有了双重意义。"四井为邑，四邑为丘。"《左传·成公元年》："三月，作丘甲。""丘赋""丘甲"，是按聚落征收的兵赋。这应是较古的体制。与邻里乡党州县这些以后产生的行政系统有别。《周官》混杂地把两者合编在一起了。

《周礼·地官·小司徒》又说："五人为伍，五伍为两，四两为卒，五卒为旅，五旅为师，五师为军。以起军旅，以作田役，以比追胥，以令贡赋乃均土地，以稽其人民，而周知其数。"《夏官·大司马·叙官》："凡制军，二千有五百人为师，五百人为旅；百人为卒；二十五人为两；五人为伍，伍皆有长。"这当是战国时期的兵农合一的行政编制。

六　庶民之姓

中国辽阔的土地上出土了极多先民的遗址。从半坡到夏有两千多年。半坡的先民就可能分布到极远的范围。要追溯各部落先民的姓氏起源是很困难的。

现有的《百家姓》可追溯到黄帝。《国语·晋语四》："黄帝之子二十五人，其同姓者二人而已，唯青阳与夷鼓皆为己姓。青阳，方雷氏之甥也。夷鼓，彤鱼氏之甥也。其同生而异姓者，四母之子别为十二姓。

---

① 杜正胜：《编户齐民》，台北联经出版社 1990 年版，第 102—104 页。

凡黄帝之子，二十五宗，其得姓者十四人为十二姓。姬、酉、祁、己、滕、箴、任、荀、僖、姞、儇、依是也。唯青阳与苍林氏同于黄帝，故皆为姬姓。同德之难也如是。"这段话只是史影，但可表明中国的姓氏起源是很早的。"昔少典娶于有蟜氏，生黄帝、炎帝。黄帝以姬水成，炎帝以姜水成。成而异德，故黄帝为姬，炎帝为姜，二帝用师以相济也，异德之故也。异姓则异德，异德则异类。异类虽近，男女相及，以生民也。"这是西周姬姜两大姓起源的史影。"异德"是指由水土不同而造成的禀性、气质及血缘文化的不同。"异德则异类"，"德"是分类的根据。异类之男女可结婚。同姓同德同类则不能婚配。杜正胜院士将"德"政治化，直接解为领土和人民的占有，是不对的。①

夏、殷、周的创立者有姓，周姬姓、殷子姓、夏姒姓，姓字从女从生，反映了母姓氏族的遗留。

"族"字，金文、甲骨文旗下加矢，"旗"是族徽。矢是箭，可引起箭束的联想，亦有声符的作用。《左传·僖公六年》："桓、庄之族何罪，而以为戮，不唯逼乎？""宫之奇以其族行。"《左传·僖公六年》："神不歆非类，民不祀非族。""族"是血缘结合的人群单位。《周易》"同人于门"，"同人于宗"，同人是族人。

叔向说："栾、郤、胥、原、狐、续、庆、伯降在皂隶，政在家门，民无所依。晋之公族尽矣。""肸之宗十一族，唯羊舌氏在而已。肸又无子，公室无度，幸而得死，岂其获祀？"（《左传·昭公三年》）"同宗"之下有许多大族和不同的"氏"。②

西周实行宗法制，爵位和财产由嫡长子继承，其他兄弟为庶子，是平民。西周乡隧制，城里的人是国人，国人多是平民、自由民，其中很多是庶子一系的，是有大宗的姓氏的。"三后之姓，于今为庶。"（《左传·昭公三十三年》）"庶"是平民，他们有三后之姓。"君子之泽，五世而斩。"五世以后，大宗视其为路人。他们是平民，有其原来大宗的姓氏。孔子讲"仁"，说"出门如见大宾，使民如承大祭"。大宗宗子祭祀先祖时，同宗的人都来参加，其中极多是平民。他们有大宗的姓。孔子

---

① 杜正胜：《编户齐民》，台北联经出版社 1990 年版，第 191 页。
② 参阅许倬云《西周史》，台北联经出版社 1990 年版，第 151—171 页。

弟子很多是平民，都有姓。曹刿论战，曹是姓，他不是"肉食者"，是平民。鲁国三桓的子孙，到孔子时数目很庞大了，多是平民。孔子感叹"微矣!"孔子先人在宋国是贵族，孔子祖上到鲁国，孔子说"吾少也贱"，是平民，以后才地位上升。战国秦汉以前，春秋时期，平民早就有姓了。

《左传·定公四年》："分鲁公以殷民六族，条氏、徐氏、萧氏、索氏、长勺氏、尾勺氏。""分康叔以殷民七族，陶氏、施氏、繁氏、錡氏、樊氏、饥氏、终葵氏。"他们变成氏族奴隶了，但姓氏仍存在。徐氏、萧氏、陶氏、施氏、樊氏，今天亦是大姓。晋国之"栾、郤、胥、原、狐、续、庆、伯降在皂隶"。他们的姓也是存在的。栾氏、郤氏、胥氏、原氏今天亦是存在的。杜正胜院士说："封建城邦时代，中国的平民亦无姓氏可言。因此姓也是随着编户齐民的出现才逐渐普遍化的。"[1] "战国以下三百年是平民姓氏形成的阶段。"[2] 语句矛盾不清。"无姓氏可言"，是说"姓"是封建城邦解体后也即战国至秦汉时才有的。"逐渐普遍化"是说封建城邦平民有姓，但姓大量出现是以后的事。究竟是哪种意思呢？我们只能说许多姓是战国以下形成或出现的，如金氏，就是皇帝赐予的。

《左传·定公四年》："天子选建明德，以屏藩周。"这是说选拔有明德的人，分封其为诸侯，在周边保卫周；不是说选建"姓"，使之有土地国家以保卫周。文王武王的儿子很多，只是一部分品质才能好（具明德）的人，才被选被封了。《左传·隐公八年》：无骇卒，羽父请谥与族。公问族于众仲。众仲对曰："天子建德，因生以赐姓，胙之土而命之氏。诸侯以字为谥，因以为族。官有世功，则有官族。邑亦如之。公命以字为展氏。"这与选建明德，分封诸侯是不同性质的事。伯禽被封于鲁，仍是姬姓。姜尚封于齐，仍然姓姜。这里不存在赐姓的问题。为无骇请求的是为其命名一个族下的"氏"。无骇是公子展之孙。故赐氏为展氏。姓当然是早有的。"天子建德"是"选建明德"的略语。

---

[1] 杜正胜：《编户齐民》，台北联经出版社1990年版，第188页。

[2] 杜正胜：《编户齐民》，台北联经出版社1990年版，第194页。

七　文化与生活

族谱实是纪念先祖和团结族人的。先祖功名赫赫，忠孝卓著，是族人的光荣。子孙也以光大祖上为荣，所谓光宗耀祖，这在封建社会是许多人上进的动力。封建社会道德的维持，民风的淳朴，族谱有莫大的作用。

按规定，子孙犯了大罪，以至为匪的，都不能入族墓、入族谱。这有很大的惩戒作用。

黄陂桥金氏冬至在祠堂祭祖，办酒席，场面很大。按尊尊原则排定次序。孔子讲"出门如见大宾，使民如承大祭"。都是一个宗族的人，虽有贫富区别，但礼数还起作用。孤苦无告的老人，用一个大木轿轮流送到各村给饭吃。

"族"是有公田和族长的。公田用于祭祀、修祠堂和修族谱等（我小时候见到祠堂内有人在刻族谱，当是五修族谱），也用于助学。凡特别优秀聪慧的，族上助他读书。我初小的一个同班同学常得头名，他就得到了族上的奖学金。

我也看到过有人犯了小偷罪，在祠堂里被打了屁股。这在族内不算私刑。

族居地也有其丰富久远的文化生活。端午节，门上挂艾叶，吃粽子，划龙舟。七月中，迎老客（去世的亡灵）、送老客。天旱，纸糊一个大月香菩萨游行。正月舞狮子，耍龙灯，田野山间，一长串灯笼火把，令人印象深深。黄陂桥街上有小广场，时有演出。族内邻近的几家还结社吃酒。

楚地巫风盛行，此习俗至民国时期仍长留不衰。我们邻近村子，就有人搞"放阴"的巫术，让人到阴间和死去的亲人见面。我见过一间大屋子里，躺了不少人在"放阴"。

丧事是请和尚念经，作"五七"（三十五天再作佛事念经，超度亡灵）。和尚是从附近的"水月庵"中请来的。水月庵这寺庙规模不大，四面环水，我没有去过。但东北方的土山上有座寺庙，菩萨非常高大。1947 年我决定要离家去读高小，我母亲带我去问菩萨。就是用两片竹子削刻成卦，打在地上，如是一阴一阳，就是保卦，是吉利的，可以去。如是阴卦，两片都向下，就是不吉利的。两片都向上，是阳卦，不好不坏，中庸之道，由自己决定。我不知道菩萨是怎样说的？反正我主意已决，不管菩萨的意旨，就去外地读高小了。

基督教也已在此地做过宣传，我家墙壁上曾贴有"神爱世人"的广告，但未有牧师和教堂。

从清代到民国，黄陂桥这里的变化就是增加了一个小学，街上有个邮政所。其他就是老样子了。交通多了潭宝公路、衡宝公路两条公路。

民国时期的农村生产力和唐宋时期差不多。牛耕，人耕。农民冬天还到邵阳市（距离七十里）挑大粪回来自用或卖给别人。亩产都在三四百斤。

读书人极少。农民都是文盲，对读过书的人是很尊敬的。我家一个堂叔祖父是个秀才，自号居士，教过我一年私塾，备受尊敬。我猜想祠堂的那两块金匾可能是他写的。

我所在的黄陂桥属邵阳县安平乡，这个乡很大，是由很多族姓所组成的。每个族谁也管不了谁。除了婚姻，是"民至老死，不相往来"。族内，族长管事极少，并无行政权力。行政权力属于朝廷。从宋代中央集权官僚体系真正建立，经历元明清至民国，"天高皇帝远"，天子、皇帝、总统，和老百姓的关系都是天地玄黄，"帝力于我何有哉！"如果不是年号改变，人们是不知道皇帝已换，甚至朝代已变的。县长称"父母官"，和老百姓关系比较直接。但县的官员吏属都很少。老百姓只要交了粮，纳了税，就安稳过自己的日子。

但生计所迫，无以为生而作土匪强盗的情况很多。春秋时为盗的就不少。"季康子患盗。"郑国多盗，"取人于萑苻之泽"。老子谴责"服文采、带利箭"者为"盗竽"。盗贼由来已久。黄陂桥北边黑田铺以北的深山区，有不少土匪，带着短枪，打家劫舍，官军无以为利。我家深受其害，我父亲有一个多月，天一黑就躲到邻村庭院过夜。我三叔也带我躲过一两次。有次，大概1947年，我三叔刚从外地做生意回来，近十担货物，当夜就被土匪抢去了。第二天早上，我看他把锅碗铺在门前地上，烧纸钱，大呼"老天爷，老天爷"。我的婶娘也被土匪绑架过一次，用钱赎了回来。也有偷窃。我家小叔结婚，办喜事。当晚墙被挖了一个大洞，有贼偷去了很多东西。于是我家在墙内加上了一层木栏杆。

《周易》谓："小人而乘君子之器，盗思夺之矣！"（《易传·系辞上》）侯王钟鸣鼎食，珠玉穿戴，被认为是正常的，人数也少。一旦市场发展，奇器淫巧增多，商人、无身份的人也使用起来。淫艳起盗心，不安分的人就动手抢劫了。金氏族人中也有较大的地主，只收租，家里只有粮食，盗并不光顾他们。我家及三叔之被抢，就在于经商，货物是值钱的东西。《老子》第五十三章说："使我介然有知，行于大道，唯施是畏。大道甚夷，而人好径。""施"，设施，侯王领主在大道上设立层层关卡抽税，甚至劫夺财物，这是一种"施"；"施"，行为，如强盗之杀人越货。这是另一种"施"；两种"施"加在一起，非常可怕；所以老百姓宁愿放着好走的大道不走，而走小路。老子批判的矛头指向侯王，所以下面讲他们都是强盗头子。侯外庐解《老子》第十一章"有之以为利，无之以为用"，把它与古代生产方式联系起来，说原始氏族公社不为贸易而生产，产品只作使用价值物（用），是"无之以为用"；以后为商品交易而生产，就是"有之（私有）以为利"。"利"乃交换价值，等同于货币。解释别开生面，很有意思。① 为"利"生产，就会生产珍珠奇器，盗匪就起盗心了。"季康子患盗"，孔子说："苟子之不欲，虽赏之不窃。"（《论语·颜渊》）不生产奇器淫巧，盗贼自然就没有了。老子也有这思想。古代随厚葬的兴起，盗墓成为专门职业，也是因墓中藏有值钱的珠宝奇器。贸易财货造成社会贫富的分化和秩序破坏、不安定，古今中外是一样的。

八　一部垦荒史

孔子说："里仁为美，择不处仁，焉得知？"（《论语·里仁》）我看族谱，由汉到唐，金氏还有大官，到桥头金氏开宗以后，达官贵人就几乎没有了。这里在北宋英宗治平年间是文化落后，交通很偏僻的蛮荒之地。到民国时期，还是文化比较落后，而土匪则出得很多的地方。子孙在这样的地方繁衍，除了务农，打工，从事小工商，也就没有仕途学术的门

① 侯外庐：《中国思想通史》第一册，人民出版社 1957 年版，第 678 页。

路了。

整个湖南，晚清才有人才出来，都在湘江沿线。邵阳湘西地区仅有贺长龄、刘坤一两位总督级高官，主要依靠军事，军功爵起家。蔡锷和魏源是邵阳人，一武一文，时间已晚。蒋廷黻是叔叔带到长沙，进了教会学校而发迹的。地望的选择，对子孙的前程影响甚大。这也可以说明，中国之文化发展史何以是一部从北到南，从东到西逐步扩展和发展的历史，而同时也是一部垦荒发展史。后者为文化扩散提供经济基础。

湖南的发展由东部三湘逐步扩展到资水、沅水西部，由平原扩展到丘陵山地。农业生产方式在这里起决定作用。

学界有"天人合一"与"天人相分"的说法。荀子讲"明天人之分""制天命而用之"。开垦农田体现的是荀子的思想。不断向荒地、山区进军，构成秦汉至民国直至改革开放前的一部大历史。大一统皇朝的稳定，广大国土提供的垦荒、移民的大容量，起了极大甚至决定性的作用。长江三峡大坝建立以前，两边的高山都已布满了农舍农地，水土流失，生态破坏之严重可以想见。直至2002年中央封山育林、退耕还农政策确立，才结束了这种情况。

改革开放，市场经济迅猛发展，中国转入了另一种发展模式。黄陂桥金氏族居面貌大大改变了。两座祠堂，一座拆了盖成小学，一座作乡政府办公所。小时候留给我美好记忆的小河上的一座木桥，上面有屋瓦覆盖，两边有栏杆维护，可以乘凉的，现在已改为水泥桥。人都外出发展了。留在本地的人也很少时间务农，都在民办小企业打工。

我看族谱的记录，我及儿子辈的事迹，都属传闻。许多族人也类似。这个族居地基本上已散掉了。过去靠族田修族谱，现在由募捐。故族谱前面几页都是本族企业家的彩照。照片的大小、次序排列依捐款的多少。我想以后再修族谱当是很难的事了。我拿族谱给儿子看，他看一下封面就不看了，都是些不认识的人名。

九　皇权主义者

一句有名的话："农民是皇权主义者。"讲的是小生产无依无靠，分散孤立，须皇权的保护（如剿匪）。皇权的兵员、粮食基本取自农民、农村。从族谱看，农民就是写在族谱上的人。如族内有人做了皇帝的官，全族人都感到荣耀。农民的政治眼光局限在皇权里，所谓"彼可取而代也！"佃农、贫农含辛茹苦，节衣缩食，积累财产，也是希望成为地主。有什么样的国民就会有什么样的政府。族谱正是皇权的基础。王需要王臣，王臣亦需要王。刘邦是萧何这批人拥戴出来的。武昌首义，还把黎元洪从床下拖出来做首领。"群龙无首"就会混战不已，大鱼吃小鱼，盛行丛林法则，最后也会有为首的龙出现。皇权不是纸上扣帽子可以批倒的。

有学者批评古代知识分子的依附性，不知这种依附性是由族人用肩膀抬上去的，是全族人的荣耀与福分。有一个大官，族人可依附于他而得利益。蒋廷黻作了国民党的大官，他的族叔就在乡下作威作福，蒋姓的人都以蒋廷黻为荣。

科举和族谱是儒学立足的根基与繁茂之地，而这归根结底是立足于皇权的荣耀之上的。现在它的基础已崩塌了。市场经济，崇尚个人，儒学失去了依靠；但"塞翁失马，焉知非福？"新农村的建设，也许使儒学另找到生长繁荣的支柱。

古语说："观今宜鉴古，无古不成今。"古和今的联系莫过于中国古代亚细亚生产方式和族谱之关系了。由侯外庐的指教，族谱不再只是一些名字排列，获得了意义，成为活的了。

梁启超"权利"思想的三重变异

郝志景

（北京师范大学人文和社会科学高等研究院）

摘　要：梁启超对于中国近代"权利"观念的传播贡献巨大，然而梁氏之论与西欧经典的"权利"观念并不相同，而是出现了三重变异，即将权利和权力等同视之，忽视了权利的应然层面，重群体、轻个体，重义务、轻权利。这三重变异具有内在逻辑性：权利具有"应然"之义，可现实世界却多是弱肉强食。在这种环境中实现权利，需要更加重视群体，更加强调个体对于群体的义务。梁氏按照这种逻辑谈论权利，忽视了权利的应然层面，忽视了自然权利观念的历史意义；以群体权利之名，批判皇帝这一个体，同时也让群体权利凌驾于个体权利之上；强调义务的重要，把义务大小作为权利大小的依据，违背了权利平等的本义，颠倒了二者之间的因果关系。梁氏"权利"思想的三重变异，既与当时严酷的国际环境有关，也与传统儒学的影响有关。这些变异并不利于"权利"观念在中国扎根生长，需要深入反思。

关键词：权利；应然；权力；个体；义务

"权利"观念在近代西欧的发展史上作用巨大。正是在这种观念的影响下，个体慢慢走向独立自由。有了独立自由的个体，以及个体赖以交往的现代契约关系，才能形成现代市场经济。文艺复兴、宗教改革、地理大发现、资产阶级革命、启蒙运动和工业革命等划时代事件，都是

"权利"观念和其他因素综合作用的结果。"人性解放""个性自由""理性回归"和"权利宣言"等影响深远的词汇，无不与人的"权利"观念密切相关。①

"权利"观念在西欧文化中源远流长。与之相比，中国传统文化中似乎缺少"权利"观念。② 直到西方势力东来之后，这种观念才在中国发荣滋长，传播开来。③ 在"权利"观念的传播过程中，中国近代启蒙巨子梁启超厥功甚伟。然而梁氏的"权利"思想，与西欧并不相同，而是发生了三重变异，即将权利和权力等同视之，忽视了权利的应然层面，重群体、轻个体、重义务、轻权利。这三重变异具有内在逻辑性：权利具有"应然"之义，可在现实世界中，大欺小，强凌弱，触目皆是。面对弱肉强食的环境，人们首先需要增强群体实力，才有可能实现权利。因此，梁氏在谈论权利时，更加重视群体，更加强调个体对于群体的义务。在当时的环境下，这种思路可以理解。但是，上述变异毕竟不利于"权利"观念在中国扎根生长，需要深入反思。

一　从权利到权力:梁启超权利思想的转变

西欧中世纪的"权利"观念，主要包括自然权利和法定权利两个概念。自然权利的依据是自然法，法定权利的依据是实定法。自然法表示一种对于公正或正义秩序的信念，属于应然世界。实定法是国家立法机构编订的法律。前者高于后者，是其渊源。实定法不断接受自然法的批评和检验，改变违背后者理念的不合理成分，使得自然权利不断落实成为法定权利，应然变为现实，这是西欧权利演变的基本脉络。

在这种演变过程中，中世纪的基督教观念影响深远。人们谈论自然

---

① 侯建新:《"主体权利"文本解读及其对西欧史研究的意义》,《史学理论研究》2006 年第 1 期。

② 儒家政治哲学中是否存在"权利"观念，众说纷纭。近代以来，有人将荀子政治哲学中的"分"释为"权利"，实则两者存在区别，不能等同视之。见徐凯《"权利"视阈下荀子"分"的思想》,《东岳论丛》2018 年第 7 期。

③ 金观涛曾说:"如果我们想找到一个词能清楚地反映中西现代思想的巨大差异，这个词就是'权利'。"见金观涛、刘青峰《观念史研究：中国现代重要政治术语的形成》，法律出版社 2009 年版，第 103 页。

权利，常常将其与上帝联系起来。经院哲学的集大成者阿奎那，将自然法视为上帝赖以启迪人类理性的法律，也是人们赖以辨别善恶的理性之光。人定法由自然法推导而来，不能违背自然法。自然法支持的自然权利，也因上帝获得神圣性。中世纪的另一位哲学家奥卡姆，也肯定来自上帝的自然权利。当时，教皇与方济各会围绕"使徒贫困"原则，大起争论。奥卡姆积极为方济各会使徒辩护，承认他们虽不具备法定权利，却有来自上帝的自然权利。① 这是一种应然权利，不可剥夺。

自然权利观念在文艺复兴后益发强大，在启蒙运动中达到高潮。16、17 世纪的自然法学家认为，人之为人所拥有的平等、自主、自尊等"自然本性"，都应视为自然权利。这种权利获得自然法支持，不能被实在法剥夺践踏。其中，洛克的权利思想，对后世影响尤大。洛克认为，在自然状态下，人受自然法则控制。自然法则的立法者，就是上帝。根据自然法则，人在自然状态下，拥有三种自然权利：生命权、自由权和财产权。人的生命由上帝创造，所以神圣不可侵犯。上帝创造了人的生命，也就必定使之拥有赖以生存的私有财产，所以人也拥有财产权。此外，人人都有上帝赋予的自由权利。洛克在肯定自然权利之后，指出人类在自然状态下，虽可维持一定秩序，但若没有第三方监督，保障自然权利，依然存在种种不便。有鉴于此，人们通过签订社会契约成立政府。政府经人民同意而成立，其目的是执行上帝的自然法则，保障人民的自然权利。② 倘若政府违背上述原则，人民可以推翻政府。洛克的权利思想，对现实具有极大的批判作用。洛克之后，伏尔泰、孟德斯鸠和卢梭等启蒙学者，更是以自然法和自然权利为武器，高举"自由、平等、博爱"之旗，猛烈批判旧制度和旧世界。这些思想对法国大革命的影响至深且巨，以致《人权宣言》开篇就强调，要把"自然的、不可剥夺的和神圣的人

---

① 13 世纪初，方济各会在意大利创建。方济各会使徒仿效基督，宣称放弃一切财产，托钵行乞，周济穷人。教皇英诺森三世为了抑制奢侈之风，改善传教方式，肯定该会的做法。约翰二十二世成为罗马教皇后，却公开挑战"使徒贫困"论，将方济各使徒一无所有的说法视为异端。他认为，方济各会使徒标榜放弃一切所有权，实则不能做到，因为他们不可能什么都不消费。倘若他们消费了什么物品，则一定要有相应的法定权利。见侯建新《中世纪与欧洲文明元规则》，《历史研究》2020 年第 3 期。

② 王庆新：《近代西方自然法和自然权利的演变》，《贵州社会科学》2019 年第 2 期。

权阐明于庄严的宣言之中"，并宣告一系列权利内容，将自然权利提到空前高度。①

总而言之，西欧的"权利"观念，强调其应然属性。这种应然权利与实际生活过程息息相关，因为它一旦转为法定权利，即受法律保障，从而深刻影响社会走向。清末严复翻译"rights"一词时，就看到西欧"权利"观念的这一特征。他曾致函梁启超，讨论"rights"一词的翻译问题：

> 惟独 Rights 一字，仆前三十年，始读西国政理诸书时，即苦此字无译，强译"权利"二字，是以霸译王，于理想为害不细……而以直字翻 Rights 尤为铁案不可动也……此以直而通职，彼以物象之正者，通民生之所应享，可谓天经地义，至正大中，岂若权利之近于力征经营，而本非其所固有者乎？且西文有 Born Right 及 God and my Right 诸名词，谓与生俱来应得之民直可，谓与生俱来应享之权利不可。何则，生人之初，固有直而无权无利故也。②

严复指出"rights"包含"应然"之义，担心以"权利"译之，不能将此层意思表出，故而主张以"直"字翻译"rights"。由此可见，严氏翻译"rights"时，非常注重应然层面。清末很多人都与严复相似，同样强调权利的应然层面，如"人生活于天地之间，自有天然之权利，父母不得夺，鬼神不得窃而攘之"③，"自人智日聪明，而人人皆得有天赋之权利可享"④，"权利云者，与有生俱来，苟非被人剥夺，即终身无一日之可离"⑤ 等，

---

① 陈林林：《从自然法到自然权利——历史视野中的西方人权》，《浙江大学学报》（人文社会科学版）2003 年第 2 期。

② 严复：《与梁启超》，汪征鲁、方宝川、马勇主编：《严复全集》卷八，福建教育出版社2014 年版，第 123 页。

③ 佚名：《权利篇》，张枬、王忍之编：《辛亥革命前十年时论选集》卷一，生活·读书·新知三联书店 1960 年版，第 480 页。

④ 邹容：《革命军》，张枬、王忍之编：《辛亥革命前十年时论选集》卷一，生活·读书·新知三联书店 1960 年版，第 675 页。

⑤ 柳亚子：《哀女界》，张枬、王忍之编：《辛亥革命前十年时论选集》卷一，生活·读书·新知三联书店 1960 年版，第 935 页。

不一而足。

梁启超最初谈论权利时，也很重视权利的应然层面。他说侵犯人的权利就是"损害天赋之人道"，[1] 还曾引用日本学者深山虎太郎的言论，"民受生于天，天赋之以能力，使之博硕丰大，以遂厥生，于是有民权焉。民权者，君不能夺之臣，父不能夺之子，兄不能夺之弟，夫不能夺之妇，是犹水之于鱼，养气之于鸟兽，土壤之于草木"，肯定这种看法切中中国时病。[2] 显然，这是强调权利的应然层面。不仅如此，梁氏还指出，欧洲民众享有权利，也不是自古已然，而是一二大儒不断著书立说、集会结社，将这种应然观念广泛传播，民众接受这些观念后，起而反对不合理的现实，不懈追求本应属于自己的权利，最终才能如愿以偿，应然才能变成现实。[3] 梁氏的上述看法，也很符合西欧权利演变的基本脉络。

梁启超最初强调权利的应然层面，流亡日本之后，读了不少日本学者的法政类著作，受其影响，他开始怀疑天赋人权的存在，"自由云者，平等云者，非如理想家所谓天生人而人人畀以自由、平等之权利云也。我辈人类与动植物同，必非天特与人以自由、平等也"[4]。现实世界哪有天赋人权？梁氏直面"物竞天择，适者生存"的冷酷现实，由此开始转变权利思想。在社会达尔文主义的影响下，他把权利和强权等同视之。在这方面，他完全继承了日本启蒙思想家加藤弘之的强权论：

> 强权云者，强者之权利之义也，英语云 The right of the strongest。此语未经出现于东方，加藤氏译为今名。何云乎强者之权利？谓强者对于弱者而所施之权力也。自吾辈人类及一切生物乃至无机物世界，皆此强权之所行，故得以一言以蔽之曰：天下无所谓权利，只

---

[1] 梁启超：《爱国论》，汤志钧、汤仁泽编：《梁启超全集》（第一集），中国人民大学出版社 2018 年版，第 699 页。

[2] 梁启超：《自由书》，汤志钧、汤仁泽编：《梁启超全集》（第二集），中国人民大学出版社 2018 年版，第 57 页。

[3] 梁启超：《爱国论》，汤志钧、汤仁泽编：《梁启超全集》（第一集），中国人民大学出版社 2018 年版，第 699 页。

[4] 梁启超：《论强权》，汤志钧、汤仁泽编：《梁启超全集》（第二集），中国人民大学出版社 2018 年版，第 78 页。

有权力而已，权力即权利也。①

按照这种强权论，世界上只有强权，权利就是权力。要想获得权利，首先应该成为强者。否则就会为人所制，还谈什么权利？梁启超反复强调这些，着眼点是在群体竞争，特别是国家之间的竞争。强势群体对于弱势群体，强国对于弱国，都常占有优等绝对的权利。要想改变这种局面，唯有积极竞争，发奋图强，"权利之目的在平和，而达此目的之方法则不离战斗，有相侵者则必相拒，侵者无已时，故拒者亦无尽期。质而言之，则权利之生涯，竞争而已"，"人人务自强以自保吾权，此实固其群、善其群之不二法门也"。② 在这种论述语境中，梁氏已经离开权利的应然层面，他所念念不忘者几乎是权力了。

梁启超强调强者的权利，意在唤起国人的忧患意识和自强意识，希望他们在强敌环伺之下，振作起来，力求上进。这种心理可以理解，但是梁氏在强调强者的权利时，却忽视了权利的应然层面，忽视了自然权利观念的历史意义。自然权利是人之为人的普适权利，与人的体质心性、社会地位等具体情境无关。换而言之，在自然权利方面，人人平等。每个人的自然权利，都应得到尊重。即使是强者，也不应侵犯或剥夺弱者的权利。而根据强权理论，只有强者才有权利，弱者只能受到压制，除非成为强者。照此逻辑推演下去，人们无论如何自强，总是存在强弱之分，也就总会有一部分人享有权利，而另一部分人则没有权利，恃强凌弱也是理所当然。③ 这显然偏离了自然权利的本义。自然权利观念虽然只是一种先验的理论预设，未必具有事实依据，但其历史意义不可估量。正是在这种应然观念的影响下，人类才能不断进步，向着权利平等的方向持续前进。梁启超强调需要直面竞争，努力成为强者从而获得权利，这对鼓励弱者具有积极意义，可他认为文明国家能够实现权利平等，主

---

① 梁启超：《论强权》，汤志钧、汤仁泽编：《梁启超全集》（第二集），中国人民大学出版社 2018 年版，第 76 页。

② 梁启超：《新民说》，汤志钧、汤仁泽编：《梁启超全集》（第二集），中国人民大学出版社 2018 年版，第 556、557 页。

③ 陈敏荣：《试析梁启超权利观的双重路向及其意义和局限》，《湖北社会科学》2009 年第 9 期。

要是靠被统治者与统治者"两力相遇，殆将平均"，① 这并不符合历史实际。在权利落实的历史进程中，既有弱者的自强抗争，也有强者受"应然"观念影响后的主动让步，梁氏对此思有未及。因为过于强调实力而忽视应然，梁氏把保群利群作为应对外部竞争的方法，这又导致其"权利"思想的第二重变异：重群体、轻个体。

二　应对外部的竞争：重群体，轻个体

梁启超谈论权利，最初是从民权角度入手，以民权批判君权。他强调，君主的产生乃是出于公共利益之需，而在现实之中，君主常常不顾公共利益，将整个国家化为己有，"后世之为天下也私，故务防弊……自秦迄明，垂二千年，法禁则日密，政教则日夷，君权则日遵，国威则日损……历代民贼，自谓得计，变本而加厉之"②。中国数千年民权不彰，正是因为君权的压制。这种看法与明末黄宗羲之论如出一辙。黄氏在《明夷待访录》篇首开宗明义，指出君主因公共事务之需而产生，本应维护公共利益，孰知"后之为人君者不然……以天下之利尽归于己，以天下之害尽归于人……使天下之人不敢自私，不敢自利，以我之大私为天下之大公"③。清末《民约论》《万法精理》《自由原理》《国家论》《代议政治论》等书相继翻译出版。介绍西方民主革命史、革命家与思想家生平与学术的各种著作，更是多不胜数。在西方民权思想的影响下，梁启超比黄宗羲更进一步，将庶民变为国民，"国民者，以国为人民公产之称也。国者，积民而成，舍民之外则无有国。以一国之民治一国之事，定一国之法，谋一国之利，捍一国之患，其民不可得而侮，其国不可得而亡，是之谓国民"④。梁启超肯定庶民在公共领域的问政和参政权。黄

---

① 梁启超：《论强权》，汤志钧、汤仁泽编：《梁启超全集》（第二集），中国人民大学出版社 2018 年版，第 77、78 页。

② 梁启超：《论中国积弱由于防弊》，汤志钧、汤仁泽编：《梁启超全集》（第一集），中国人民大学出版社 2018 年版，第 121 页。

③ 黄宗羲：《原君》，沈善洪编：《黄宗羲全集》（第一册），浙江古籍出版社 1985 年版，第 2 页。

④ 梁启超：《论近世国民竞争之大势及中国之前途》，汤志钧、汤仁泽编：《梁启超全集》（第二集），中国人民大学出版社 2018 年版，第 206 页。

宗羲也有学校议政之说，但他所指的议政主体，仅是传统四民之中的"士"，并未涵盖全体民众。梁氏所指的"国民"，则包括全体民众。庶民不再像过去那样，仅为官员的管理对象，而是成为理论上的管理主体。其地位之高，史无前例。

中国两千余年实施皇权专制，民众深受其害。批判皇权、兴起民权自然非常正确，然则在民众之中，个体权利与群体权利是什么关系？梁启超强调二者的一致，认为提高群体权利能够增进个体权利，"故善能利己者，必先利其群"①。当然，他也看到两者可能存在矛盾。当矛盾产生时，他认为群体权利更加重要，"身与群校，群大身小，诎身伸群，人治之大经也，当其二者不兼之际，往往不爱己，不利己，不乐己，以达其爱群、利群、乐群之实者有焉矣"②。在谈论自由问题时，梁氏也坚持这种思路。他说自由有真伪之分、全偏之分、文明野蛮之分。团体自由属于前者，个体自由属于后者，"自由云者，团体之自由，非个人之自由也。野蛮时代，个人之自由胜，而团体之自由亡；文明时代，团体之自由强，而个人之自由减"③。

梁启超把国家当作群体的最高范畴，在国家与个体之间，自然更是看重前者。他知道时人对此存在争议，曾将众多观点分为两类：一类重视个体，一类重视国家。前者走向极端，则是无政府主义；后者走向极端，则是专制主义。④尽管可能走向专制，梁氏仍然更为重视国家。因为在他看来，国家与人民的部分利益或目前利益，也许存在冲突，但与人民的全体利益及长久利益，则永远一致。"国家之生命与吾侪之生命，实相依而不可离。"有时为了国家的生存，需要牺牲人民的利益。"牺牲人民一部之利益者，凡以为其全体之利益也；牺牲人民现在之利益者，凡

① 梁启超：《十种德性相反相成义》，汤志钧、汤仁泽编：《梁启超全集》（第二集），中国人民大学出版社 2018 年版，第 289 页。

② 梁启超：《新民说》，汤志钧、汤仁泽编：《梁启超全集》（第二集），中国人民大学出版社 2018 年版，第 568 页。

③ 梁启超：《新民说》，汤志钧、汤仁泽编：《梁启超全集》（第二集），中国人民大学出版社 2018 年版，第 567 页。

④ 梁启超：《论政府与人民之权限》，汤志钧、汤仁泽编：《梁启超全集》（第三集），中国人民大学出版社 2018 年版，第 6 页。

以为将来之利益也。"① 这种牺牲甚至包括生命：

> 我有大我，有小我；彼亦有大彼，有小彼。何谓大我？我之群
> 体是也。何谓小我？我之个体是也。何谓大彼？我个体所含物质的
> 全部是也。何谓小彼？我个体所含物质之各分子是也。小彼不死，
> 无以全小我；大彼不死，无以全大我……夫彼血轮等之在我身，为
> 组成我身之分子也；我躯壳之在我群，又为组成我群之分子也。血
> 轮等对于我身，而有以死利我之责任，故我躯壳之对于我群，亦有
> 以死利群之责任，其理同也。②

既然为了国家利益连个体生命都不在乎，那么其他个体权利更是不在话下。这种看法深受社会有机体论的影响。社会有机体论把社会看作活的有机体，认为群体由个体组成，个体不是独立实体，而是无法脱离群体的细胞。群体与个体不是互动关系，而是单向支配关系。显而易见，这种理论与西欧的"权利"观念不同，特别是与西欧孕育个体权利观念的唯名论，几乎截然相反。

西欧的"权利"观念，起源于中世纪。权利主要是针对国家、政府和社会权力而言，包括原始的个人权利、团体或集体的权利，如村社权利、市民权利和商人权利等，还包括不同封建等级的权利，如相对领主的附庸权利、相对王权的诸侯权利、相对世俗的教会权利等。③ 从中世纪到现代，权利逐渐落实到了个体身上，个体权利观念日益凸显。这种观念与唯名论思潮有关。唯名论思潮 14 世纪后在西欧兴起，以个体为唯一真实，认为不同等级的"种""属"作为共相，只是名称，而非实在。将"种""属"层层分割，最终只能止于个人。因此权利主体只能归于个人，而非其他共相。这种思潮对于个体权利观念的形成影响很大。此后，随着文艺复兴和宗教改革运动，个体权利观念益发清晰，广为传播。文艺

① 梁启超：《政治与人民》，汤志钧、汤仁泽编：《梁启超全集》（第六集），中国人民大学出版社 2018 年版，第 246、251 页。

② 梁启超：《余之死生观》，汤志钧、汤仁泽编：《梁启超全集》（第四集），中国人民大学出版社 2018 年版，第 530 页。

③ 侯建新：《西欧与中国社会转型比较初论》，《史学理论研究》2001 年第 4 期。

复兴强调"人是万物的尺度",推动人权挑战神权。现代意义的"个人",由此诞生。文化史学者雅各布·布克哈特对此曾有精辟论述:

> 人类只是作为一个种族、民族、党派、家族或社团的一员——只是通过某些一般的范畴,而意识到自己。在意大利,这层纱幕最先烟消云散;对于国家和这个世界上的一切事物做客观的处理和考虑成为可能的了。同时,主观方面也相应地强调表现了它自己;人成了精神的个体,并且也这样来认识自己。①

文艺复兴使得社会慢慢世俗化。教会对人的控制减轻,人的个性开始彰显。宗教改革再进一步,使得个体权利观念更为强化。按照基督教教义,上帝造人,并且赋予每个个体灵魂和基本权利。人们在社会等级之中,可以完全不同,但是每个个体在上帝面前,都是罪人,都要寻求灵魂得救,等待末日审判。在这一点上,上帝对人一视同仁,每个个体都有基本权利。原来在上帝和个人的关系之中,还有教会横亘其间。而马丁·路德发起宗教改革后,则开始消除这层隔阂。他以良心为由,直接向上帝祈祷,将个人判断置于教会之上,否定教会的绝对正确。教会原是约束人们身心的外部权威,经过宗教改革,其影响日益降低。新教徒可以直接阅读《圣经》,无须通过教会,即可独立做出判断。宗教开始变为一种私人信仰。与教会相比,人们更加信从内部权威,即个体内心对于上帝的信仰和理解。基于这种内在信仰,个体对于自身权利有了强烈意识。这种意识最后演变成为灵魂自决权和个体神圣性。②

个体权利是现代性的重要元素。关于传统向现代的转型,法律史家梅因认为那是"从身份到契约",社会学家滕尼斯认为那是"从共同体到社会"。两人尽管表述不同,但都看到个体权利兴起这一重大的历史现象。在共同体中,人们看重身份,个体权利并不突出。现代性的重要特

---

① [瑞士]雅各布·布克哈特:《意大利文艺复兴时期的文化》,何新译,商务印书馆 1979 年版,第 125 页。

② 钱满素:《爱默生和中国——对个人主义的反思》,生活·读书·新知三联书店 1996 年版,第 198—200 页。

征，就是个体从共同体中独立出来，并按契约精神组成社会。此时，个体权利得到空前重视。现代社会制度的正当与否，个体权利是其最终依据。个体之间互通有无，各获其利，这种行为无可非议，市场经济由此获得正当性。个体让渡部分权利，结成公共权力，以其处理公共事务。公共权力来自个体委托，公共管理者如果难孚众望，或者损害公共利益，可以经过适当程序，将其更换，民主政治也由此而获得正当性。[1] 可以说，没有个体权利观念，就没有现代社会。

反观梁启超的"权利"思想，他将传统的"君—民"关系变为"国家—公民"关系，强调皇帝不再是"公"的化身，批判"以我之大私为天下之大公"，酣畅淋漓，超越前人。然而他对权利的肯定，仅在皇帝与民众这个层面，而对群体与个体，特别是国家与个体的关系这些问题，他却选择重群体、重国家而轻个体。他以群体权利之名，批判皇帝这一个体，同时也让群体权利凌驾于个体权利之上。这与近代西欧完全不同。西欧所谓的权利，主要就是个体权利，是个体摆脱国家和社会压制的权利。梁氏之所以如此，是他认为应对外部的竞争，首先需要爱群、利群，"人不能离团体而自生存，团体不保其自由，则将有他团焉自外而侵之、压之、夺之，则个人之自由更何有也！"[2] 在这种情况下，群体权利当然重于个体权利。既然群体如此重要，那么如何保群利群呢？梁氏强调个体对于群体的义务，而且认为义务先于权利，其"权利"思想由此又产生第三重变异。

三 利群之道：义务先于权利

谈论权利，常会涉及义务，二者联系密切。因此，二者之间的关系，

---

[1] 个体权利是现代性的三大要素之一。另外两大要素为工具理性与民族国家。所谓工具理性，乃是理性思考与终极关怀的二元分裂，互不干扰。理性不复受制于信仰，因此可以无限将其应用于社会生活和公共事务之中。科学、技术、政治、经济、文化基于理性而大获发展。工具理性认为这并不会颠覆信仰与道德。同时，科学技术的无限应用，市场经济的不断扩张，在在需要制度框架。没有制度框架，这些事情根本无法实现，而民族国家正是制度框架的提供者。参见金观涛《探索现代社会的起源》，社会科学文献出版社 2010 年版，第 6—25 页。

[2] 梁启超：《新民说》，汤志钧、汤仁泽编：《梁启超全集》（第二集），中国人民大学出版社 2018 年版，第 568 页。

也就成为一大问题。在西欧封建社会中，每一阶级成员的权利，都以一定义务为前提。日耳曼人入侵罗马帝国后，其军事首长承担领导战争的职责和义务，享有军事领导权，慢慢变为国王。国王的私人扈从、宫廷侍从和下级军事首长等，向其承担军事、效忠和纳税等义务，获得国王赐予的田产，逐渐成为贵族。随着封建制度的发展，西欧出现层层分封的等级制度。除了国王和贵族，上级贵族和下级陪臣之间，同样存在权利义务关系。在封建主和农民之间，后者投靠前者，向其献出土地，承担力役和地租。前者则向后者提供人身保护，允许后者永久租佃土地。二者之间也有明确的权利义务关系。上述关系的重要特征是：人们享有的权利来自义务承担，义务是权利的依据。①

西欧近代"权利"革命的重要内容，就是翻转传统的权利义务关系，强调权利的本位性：义务来源于权利，义务服务于权利，义务从属于权利。所谓义务来源于权利，是指义务的合理性源于权利。在逻辑上，权利与义务是因果关系和源流关系，后者应是前者的引申和派生物。义务唯有从权利之中引申出来时，才是一种合理存在。所谓义务服务于权利，是指义务的必要性取决于权利。普遍的义务约束成为必要，只能是为保障和实现人们平等享有的普遍权利。人们设定新义务的唯一正当理由，也是为了原本或新近享有的平等权利。所谓义务从属于权利，是指权利优先原则。经过明文规定的权利，自然为相关主体所享有。还有一些权利没有明文规定，也应为相关主体所享有。② 要之，权利和义务并非二元并列，而是一元相生。前者是根本，后者是枝叶。前者是目的，后者是手段。离开前者，后者将无所依归，并将最终扭曲或取消真正的权利。③

中国古代的权利义务关系，比同一时期的西欧失衡许多。西欧在封建社会前期，王权削弱，并无能够控制社会的中央政府。那时西欧的权利义务关系，并非国家立法造就，而是社会自发形成。与西欧相比，中

---

① 张恒山：《义务先定论》，山东人民出版社 1999 年版，第 177—179 页。

② 郑成良：《权利本位论——兼与封曰贤同志商榷》，张文显、李步云编：《法理学论丛》（第 1 卷），法律出版社 1999 年版，第 514、515 页。

③ 吕世伦、文正邦编：《法哲学论》，西安交通大学出版社 2016 年版，第 356 页。

国很早就有了大一统的王权，"普天之下，莫非王土；率土之滨，莫非王臣"。在这种王权官僚制社会，人们的"权利"观念十分淡薄，重义务、轻权利成为一种常态。统治阶级支配被统治阶级。前者享有特权，而后者只有少数权利，甚至根本没有权利。与此同时，后者却承担了很多义务，义务与权利毫不匹配。这种没有权利的义务，不是合理义务，而是奴役。当西欧开始"权利"革命时，中国的中央集权更加强化。在中央集权下，乡村长期实施郡县——乡里体制。乡里保甲组织是王朝的基层政权，与血缘宗族势力和儒家教化之权密切结合，对于农民实施精神和人身控制。农民遭受严重盘剥，以致破产败家。① 这一时期，中国权利义务关系的失衡，远远高于西欧。因此，重审权利义务二者之间的关系、突出权利的重要性，在近代中国也比西欧更为迫切。

梁启超在谈论"权利"思想时，却有重义务、轻权利的倾向。他说中国"有私人对私人之义务，无个人对团体之义务"，② 而他的义务论，主要不是个体与个体的关系，而是个体与群体的关系，"权利思想者，非徒我对于我应尽之义务而已，实亦一私人对于一公群应尽之义务也"③。梁氏如此重视个体对群体的义务，是因为他相信群体更加重要。既然群体如此重要，那么在群体之中，权利和义务应是什么关系呢？梁氏首先强调二者密不可分，"义务与权利对待者也，人人生而有应得之权利，即人人生而有应尽之义务"，④ 有权利必有义务，有义务必有权利，二者总是互相对应，彼此依赖。不仅如此，二者还是"适量相均"，即权利和义务都可折算成为某个数值，二者数量等值。其实，权利和义务虽然经常相互关联，但是二者之间并无十分严格的对应性。⑤ 梁氏一再强调二者密不可分，还是为了突出义务的重要。他认为没有义务的权利难以持久，这是物竞天择的天理使然，"权利何自起？起于胜而被择。胜何自

---

① 侯建新：《中英封建晚期乡村组织比较》，《史学理论研究》2000 年第 3 期。

② 梁启超：《新民说》，汤志钧、汤仁泽编：《梁启超全集》（第二集），中国人民大学出版社 2018 年版，第 623 页。

③ 梁启超：《新民说》，汤志钧、汤仁泽编：《梁启超全集》（第二集），中国人民大学出版社 2018 年版，第 560 页。

④ 梁启超：《新民说》，汤志钧、汤仁泽编：《梁启超全集》（第二集），中国人民大学出版社 2018 年版，第 620 页。

⑤ 陈景辉：《权利和义务是对应的吗？》，《法制与社会发展》2014 年第 3 期。

起？起于竞而获优。优者何？亦其所尽义务之分量，有以轶于常人耳"①。可以看出，梁氏对于权利义务关系的看法，同样受到社会达尔文主义的影响。按照上述逻辑，如果一个群体有更多的人履行义务，那么这个群体就能处于某种优势地位，在与其他群体的竞争中，就能获得胜利。这个群体中履行较多义务的人，也应比其他人获得更多奖赏。这个奖赏就是权利。归根到底，某个人获得的权利是多是少，要看他履行的义务是多是少。由此可以得出结论：义务是权利的依据，权利源自义务。②

梁启超用这种义务先定论解释君主权利，指出民众刚刚组成群体之时，散漫柔弱，或者纪纲混乱、无所统一，强人为其抵抗禽兽，挫败外敌；或者聪明人为其制定法度，调和纷争。又或前朝朝纲混乱，海宇鼎沸，有人能够削平大难，使得民众各安其业。这些人就可成为君主。他们成为君主、享受权利的理由，就是他们尽了异于常人的义务。按此逻辑，"若是夫彼所尽于一群之义务，固有异于常人也。固推原其朔，不得谓之不正"③。换句话说，君主与常人享有的权利不平等，无可非议。在此推论过程中，梁氏似乎混淆了权利和权力。一个人在公共事务上贡献巨大，可能获得巨大权力，但在权利方面，人们更加强调的是权利平等，而非权利不平等。他把义务大小作为权利大小的依据，已经违背了权利平等的本义。

梁启超谆谆强调义务的重要，所针对者是中国的严峻现实。在他看来，中国国民的义务思想十分薄弱。放眼全国，官吏、士君子、农工商、军人、保守党、维新党、维新派、温和派、急激派、青年和少年等，对于群体都未尽到自己的全部义务。④ 梁氏在谈论国民性问题时，也曾感慨国人素来缺乏公德，上者仅能束身寡过，面对群治败坏，听而不闻，视

---

① 梁启超：《新民说》，汤志钧、汤仁泽编：《梁启超全集》（第二集），中国人民大学出版社 2018 年版，第 620 页。

② 喻中：《论梁启超对权利义务理论的贡献》，《法商研究》2016 年第 1 期。

③ 梁启超：《新民说》，汤志钧、汤仁泽编：《梁启超全集》（第二集），中国人民大学出版社 2018 年版，第 620 页。

④ 梁启超：《新民说》，汤志钧、汤仁泽编：《梁启超全集》（第二集），中国人民大学出版社 2018 年版，第 623 页。

而不见；下者更是嗜利无耻，乘便营私。① 这其实也是人们没有尽到义务所致。反观其他国家，人们无论大小、贵贱和贫富，都能承担相当的义务。在这方面，中国远远不如。毋庸讳言，梁氏所谈的问题，确实存在，不少中外人士也都谈过。美国公理会传教士史密斯说，中国百姓只关心个人如何免遭损失，对于公共财产则弃之不顾。② 国内也有人指出，"我中国人之性质，不遇公共之事物则已，如其遇之，于钱财则必随意挥霍，于什物则必任情毁坏"；而"欧美诸国，虽三尺之童，于公家器物绝不肯有所摧残，于公共建筑绝不肯任意污秽"，③ 其人多有公共思想，知道公共物品的保护人人有责。

这类言论在当时不胜枚举，然而问题的关键在于：为什么国人对于群体缺少义务思想？还不是因为专制制度剥夺了民众参与公共事务的权利！严复曾称："中国帝王，下至守宰，皆以其身兼天地君亲师之众责"，"公家之事，在在任之以官"。官员精力有限，并且对于所治之地没有感情，不会全力关注地方公益，而"著籍之民，又限于法，虽欲完治其地而不能"。④ 民众对于国家没有尺寸治柄，没有丝毫权利，自然也就没有义务思想，最后导致诸多公共事务无人负责，日趋败坏。在这些问题上，梁氏和严复的看法并无不同。他也看到"西人以国为君与民所共有之国……有一民即有一爱国之人焉。中国不然，有国者仅一家之人，其余则皆奴隶也"，"性奴隶之性，行奴隶之行，虽欲爱国而有所不敢，有所不能焉。何也？奴隶而干预家事，未有不获戾也。既不敢爱不能爱，则惟有漠然视之，袖手而观之"。⑤ 梁氏承认，国民缺少义务思想，是因为他们被剥夺了参与公共事务的权利。既然如此，要培养国民的义务思想，首先就应赋予他们参与公共事务的权利。在二者关系中，应该更加强调权利的优先性。权利是因，义务是果。然而，梁氏为了强调义务的

---

① 梁启超：《论中国国民之品格》，汤志钧、汤仁泽编：《梁启超全集》（第四集），中国人民大学出版社 2018 年版，第 176 页。

② ［美］史密斯：《中国人的性格》，乐爱国、张华玉译，学苑出版社 2001 年版，第 95 页。

③ 佚名：《中国人之性质谈》，《大公报》1905 年 1 月 7 日。

④ 伍杰编著：《严复书评》，河北人民出版社 2001 年版，第 191、271 页。

⑤ 梁启超：《中国积弱溯源论》，汤志钧、汤仁泽编：《梁启超全集》（第二集），中国人民大学出版社 2018 年版，第 256 页。

重要，恰恰颠倒了二者之间的关系，"今之论者，每以中国人无权利思想为病，顾吾以为无权利思想者乃其恶果，而无义务思想者实其恶因也。我国民与国家之关系日浅薄，驯至国之兴废存亡，若与己漠不相属者，皆此之由"①。这种重义务、轻权利的倾向，是梁氏"权利"思想的又一变异。

四　结语

将权利和权力等同视之，忽视了权利的应然层面，重群体、轻个体，重义务、轻权利，这是梁启超"权利"思想的三重变异。梁氏的问题，首先与当时的国际环境有关。中国曾经超然于国际竞争之外，时至清末，环境大变。列强相继膨胀于外，竞争日烈。中国如未建立完备的国家，后果不堪设想。国家如若灭亡，覆巢之下，焉有完卵？面对这种"物竞天择，适者生存"的局面，梁氏在宣传"权利"思想时，自然会纠结于应然和现实之间，并最终直面现实，更加注重群体和义务。由此可见，梁氏"权利思想"的三重变异，不是凭空产生，而是具有内在逻辑性，况且这也并非梁氏一人的问题。在近代列国竞争的世界格局中，德国和日本也是后发国家。德日两国的一些思想家，在宣传"权利"观念时，同样有此问题。严酷的国际环境，显然不利于真正的"权利"观念在后发国家传播普及。

另外，梁启超在宣传"权利"观念时，也难以摆脱传统儒学的影响。传统儒学确定了尊卑高下的伦常秩序。个人处于伦常等级之网，不能独立。每一个体通过这个网络，定位自己。在这个网络中，平等而独立的个人意识，难以产生。儒家伦理也有某种个人或自我意识，但在这种意识中，个人只是一个具有价值自觉的道德主体，而非权利主体。② 孔子主张的"为仁由己"，孟子主张的"不忍人之心"、"人皆可以为尧舜"，都

---

① 梁启超：《新民说》，汤志钧、汤仁泽编：《梁启超全集》（第二集），中国人民大学出版社 2018 年版，第 622 页。

② 许纪霖：《大我的消解：现代中国个人主义思潮的变迁》，许纪霖、宋宏编：《现代中国思想的核心观念》，上海人民出版社 2011 年版，第 210 页。

是强调人的道德性。传统儒学希望通过"正心、诚意、格物、致知"的修身过程，实现潜在的道德性，最终成圣成贤。当把个体释为道德自主的个体时，人们很容易从个体主义滑向集体主义。如果对于人的尊重基于道德，那么对于非道德的人，其权利则难以得到尊重。[①] 梁氏在谈论"权利"思想时，片面强调个体对于群体的义务，认为应以义务大小来决定权利大小，这和上述儒学思维若合符节。由于传统儒学的影响，梁氏的"权利"思想，最终偏离了西欧经典的"权利"观念。当然，西欧经典的"权利"观念，也非尽善尽美。社群主义者就曾批评这种观念对群体和义务重视不足，和梁氏所论颇有暗合之处。然而，这种批评之所以有价值，恰恰是因为"权利"观念已在西欧落地生根，成长壮大。倘若没有完成这一步，则西欧在近代很难突飞猛进，日新月异。总之，现代性的成长，应是先有个体的各种权利，其次才是强调个体的道德自律。前者是第一义，后者是第二义，两者次序不能颠倒。况且时移世易，今日的国际环境，与清末已经迥不相同。因此，梁启超"权利"思想的三重变异，更是值得今人深刻反思！

---

① 孙向晨：《现代个体权利与儒家传统中的"个体"》，《文史哲》2017 年第 3 期。

牟宗三与张岱年关于
"唯气论"哲学阐释的分歧

——兼议"清代新义理学"概念的合法性问题[*]

姚彬彬

（武汉大学中国传统文化研究中心）

摘　要：关于清代学术的义理思想得失问题，晚近学界一向存在不同意见，后曾有学者提出"清代新义理学"之概念。此问题争议的成因，与牟宗三在 1970 年前后对清代学术的强烈批判意见颇有关联，而追溯牟宗三观点的形成，其很可能系针对张岱年的中国古典气论哲学的阐释而有意立异。张岱年在《中国哲学大纲》及早年诸文中提出，清代哲学接续张载，以"唯气论"为主，可视为马克思主义"新唯物论"开展之先声；牟宗三则通过对张载哲学体系的曲解否定儒学中"唯气论"一系的独立存在而提倡"唯心论"，其中隐含了文化意识形态取向层面的对立心态。这也是有关"清代新义理学"争议的早年形成背景。

关键词：气本论；张载；清代新义理学；张岱年；牟宗三

关于清代学术的义理思想得失问题，晚近学界一向存在不同意见，

---

* 基金项目：国家社科基金后期资助项目"《周易》诠释与清代新义理学的思想源流"（批准号：21FZXB015）阶段性成果。

在 1993 年前后，台湾地区学者张寿安等率先提出了"清代新义理学"（亦称"乾嘉新义理学"）之概念，这主要是针对以往学界多认为清代乾嘉汉学有考据而无义理、有学术而无思想的看法。他们认为，在学界以往的普遍观念中，所谓"义理"几乎专属宋明理学，而与清代考据学无缘，因此强调清代学术中亦存在独立于宋明儒学的义理学系统。① 这一说法随即引发长久讨论，后在内地学界亦有响应，周积明、陈居渊等撰文支持此说的成立，并继有深入阐述。②

实际上，回溯关于清代义理学问题的研究历史可知，在 20 世纪上半叶时，学界于乾嘉诸儒是否有义理学的看法，本无原则性争议。以梁启超、胡适、钱穆的看法为代表，梁、胡于清儒义理学的成就评价甚高，梁启超以清儒"'情感哲学'代'理性哲学'"，"乃与欧洲文艺复兴时代之思潮之本质绝相类"。③ 胡适则认为："这时期的经学家渐渐倾向于哲学化了。凌廷堪、焦循、阮元很可以代表这个倾向。""从戴震到阮元是清朝思想史上的一个新时期；这个时期，我们可以叫做'新理学时期'。"④ 钱穆虽然于清儒的义理学造诣评价不高，乃至认为"卑之无甚高论"，却也承认他们"求平恕，求解放，此乃乾、嘉诸儒之一般意见，而非东原个人的哲学理论也"⑤。亦非无视其学的客观存在。彻底否定清学的义理思想价值的论断，以 20 世纪后半叶的牟宗三为典型，他在其代表作之一《从陆象山到刘蕺山》（1979）著中之断定，宋明儒学才是先秦儒家之嫡系，为中国文化生命之纲脉，然"此学随明亡而亦亡。自此以后……中国之民族生命与文化生命遭受重大之曲折，因而遂陷于劫运，直劫至今日而犹未已"。故其感喟："是故自此以下，吾不欲观之矣。"⑥ 并在《中

---

① 参见杨念群《百年清史研究史·思想文化卷》，中国人民大学出版社 2020 年版，第 98 页。

② 参见周积明《〈四库全书总目〉与乾嘉"新义理学"》，《中国史研究》2002 年第 1 期；陈居渊《清代"乾嘉新义理学"探究》，《求索》2003 年第 5 期。

③ 梁启超：《清代学术概论》，上海世纪集团出版社 2005 年版，第 35 页。

④ 胡适：《戴东原的哲学》，见《胡适全集》（第六册），安徽教育出版社 2003 年版，第 458 页。

⑤ 钱穆：《前期清儒思想之新天地》，见《中国学术思想史论丛》，生活·读书·新知三联书店 2019 年版，第 8 页。

⑥ 牟宗三：《从陆象山到刘蕺山·序》，见《牟宗三先生全集》（第五册），台北联经出版事业公司 2003 年版，第 5 页。

国哲学十九讲》等多种作品中反复强调此意。兹后海外学界的情况，如郑吉雄所言："诸种《中国思想史》、《中国哲学史》一类书籍，受到前述提倡宋明理学的观点的影响，凡涉及清代思想，总表达了种不太想讲、但又不得不讲的态度，因此这一类思想史论著中'清代'的部分，普遍显得支离、片断，模糊不清。"① 这自然未必皆是直接受到牟宗三有关论断的影响，至少也代表了彼时较普遍的一种学术思想取向。

但值得注意的情况是，即使牟宗三先生本人，其对清学的负面看法亦非一向如此，其青年时代的著作《从周易方面研究中国之元学及道德哲学》（1935 年，后于 1988 年再版改题为《周易的自然哲学与道德函义》），该书以清代胡煦、焦循的易学思想为主要研究对象，著中认定"胡煦、焦循是中国最有系统最清楚最透辟的两位思想家"，"胡煦是从《周易》方面研究自然哲学，解析具体世界；焦循是从《周易》方面发挥道德哲学解析价值世界"。② 胡煦（1655—1736）是清初学者，而焦循（1763—1820）正是乾嘉汉学的代表性人物之一。牟氏著中还说道："由焦氏之解《易》，可以见出孔门之真面目，及真正中国道德哲学之真面目。他受戴震的影响很大；但比戴震透辟多了，伟大多了。"③ 不仅于焦循之学不惜溢美，这一表述事实上也间接承认了戴震本人的思想史地位。然何以牟氏后来发生如此大的思想转变，其成因颇值得玩味和探讨。在20 世纪 30 年代，张岱年先生曾撰写系列文章，论定清儒的思想义理接续宋儒张载的"唯气论"，而后来牟宗三的有关哲学观点与张岱年几乎全然针锋相对（其著中虽未明言）。对比分析二家之说，当是解决这一问题的重要线索。

一　接续汉唐易学思想的张载 气本论哲学及其后世影响

张载（1020—1077）是宋代新儒学开山的"北宋五子"之一，他在

---

① 郑吉雄：《从乾嘉学者经典诠释论清代儒学的属性》，彭林编：《清代经学与文化》，北京大学出版社 2005 年版，第 249 页。

② 牟宗三：《从周易方面研究中国之元学及道德哲学》，天津大公报馆 1935 年版，第 247 页。

③ 牟宗三：《从周易方面研究中国之元学及道德哲学》，天津大公报馆 1935 年版，第 248 页。

其代表作《正蒙》中提出"太虚即气"这一哲学命题，以"气本论"建立其学说根基。张岱年先生在《中国哲学大纲》中总结其宇宙本根论之要旨，谓："其最主要之义，在于以一切形质之本始材朴之气，解释一切，认为宇宙乃一气之变化历程；以为空若无物之太虚，并非纯然无物，而乃气散而未聚之原始状态，实乃气之本然；气涵有内在的对立，是气之能动的本性，由之而发生变化屈伸。一切变化，乃缘于气所固有之能变之性。"① 并认为"气本论"之说与西方唯物论有近似之处，谓："太虚实可谓与现代英国哲学家亚历山大（Alexander）所谓'空时'（Space-time）略相近似。张子以太虚为气之原始，亚历山大以空时为物质之本原，为说亦甚相近。张子谓太虚乃气之本体，即谓空时非纯然无有，而乃物质之本原。空时凝结而成最细微的物质，最细微的物质聚合而成通常的物质。所以张子的本根论，确实可以说是一种唯物论。"② 以张载之气论思想近于西洋唯物论，此为后来多数内地学者之通议。

冯友兰指出："横渠之学，亦系从《易》推衍而来。"③ 其哲学体系之建构，基于《易传》，气本论说之前承，则更出于汉唐易学之相关学说。诚如有学者所说："张载以阴阳二气统一体解释太极，其源头应该在京房和《易纬》。"并有所扬弃，"京氏易学的气论，其目的最终还是为他讲阴阳灾异服务的，而后世从孔颖达到张载继承了其中的阴阳二气说，抛弃了他的占侯之术，赋予了易学气论新的生命"④。朱伯崑先生则指出："孔疏解易，继承了汉易中的卦气说，扬弃了其天人感应的因素，以阴阳二气的变易解说《周易》的基本原理，成为张载气论的先驱，但仍保留了王弼派易学的形式，并未完全摆脱玄学的影响。张载的《易说》，一方面继承了孔疏以阴阳二气解易的传统；另一方面又抛弃了孔疏的玄学形式，通过对《系辞》的解释，终于建立起气论哲学的体系。"⑤ 强调张载气论与孔颖达《易》说的关联，辨明了其思想脉络渊源。

张载《正蒙》一书为其晚年定论之作，所谓"蒙"即出自《周易》

① 张岱年：《中国哲学大纲》，江苏教育出版社 2005 年版，第 73 页。
② 张岱年：《中国哲学大纲》，江苏教育出版社 2005 年版，第 73 页。
③ 冯友兰：《中国哲学史》（下），华东师范大学出版社 2000 年版，第 228 页。
④ 辛亚民：《张载易学研究》，中国社会科学出版社 2015 年版，第 144—145 页。
⑤ 朱伯崑：《易学哲学史》（二），昆仑出版社 2009 年版，第 307 页。

之蒙卦，张载所谓"养其蒙使正者，圣人之功也"，书名由此而来。《正蒙》中首先阐释了"太和"这一核心概念：

> 太和所谓道，中涵浮沉、升降、动静相感之性，是生絪缊、相荡、胜负、屈伸之始。其来也几微易简，其究也广大坚固。起知于易者乾乎！效法于简者坤乎！散殊而可象为气，清通而不可象为神。不如野马、絪缊，不足谓之太和。语道者知此，谓之知道；学《易》者见此，谓之见《易》。①

"太和"出自《周易·乾卦·彖》"保合大和，乃利贞"之语，"大和"亦作"太和"，孔疏释曰："纯阳刚暴，若无和顺，则物不得利，又失其正。以能保安合会太和之道，乃能利贞于万物，言万物得利而贞正也。"以乾道之纯阳需辅以坤道之和顺，太和之道，是浮沉、升降、动静这类矛盾双方在动态过程中的调和。郑吉雄就此指出："'太和'是'道'，内容就都是'气'的冲突，'和'又是二仪矛盾冲突的描述，那么，《周易》哲学所宣示的终极真理，不是'气'之外有层次更高的别有一'理'，而是'浮沉、升降、动静、相感之性'本身。正因这缘故，一讲到'太和'，就只能描述'气'的各种形态变化。"② 此气充塞宇宙，是谓"太虚即气"之说。《正蒙·太和》中说：

> 太虚无形，气之本体，其聚其散，变化之客形尔；至静无感，性之渊源，有识有知，物交之客感尔。客感客形与无感无形，惟尽性者一之。天地之气，虽聚散、攻取百涂，然其为理也顺而不妄。气之为物，散入无形，适得吾体；聚为有象，不失吾常。太虚不能无气，气不能不聚而为万物，万物不能不散而为太虚。循是出入，是皆不得已而然也。然则圣人尽道其间，兼体而不累者，存神其至矣。彼语寂灭者往而不反，徇生执有者物而不化，二者虽有间矣，以言乎失道则均焉。（《张载集》，第 7 页）

---

① 张载：《正蒙·太和篇》，见《张载集》，中华书局 1978 年版，第 7 页。
② 郑吉雄：《周易阶梯》，上海古籍出版社 2018 年版，第 147 页。

太虚一词，始见于《庄子·知北游》"若是者，外不观乎宇宙，内不知乎太初，是以不过乎昆仑，不游于太虚"，按一般理解，"太虚"指广袤无垠的空间，"然非与时间相离对立，太虚实可以说即包括时间在内"[1]。按张载的解释，气散则遍布太虚，气聚则为万物，非离气别有一太虚。故此篇中又谓："气之聚散于太虚，犹冰凝释于水，知太虚即气，则无无。"（《张载集》，第8页）明确反对在"气"之上还有一个被视为"有生于无"的更高存在者，也就是说气化流行的状态本身就是本体，不承认其上还有一个若道家之"无"或佛家之"空"的更高的本根。张载批判"二氏"之论曰："知虚空即气，则有无隐显、神化性命，通一无二。……若谓虚能生气，则虚无穷，气有限，体用殊绝，入老氏'有生于无'自然之论，不识所谓有无混一之常。若谓万象为太虚中所见之物，则物与虚不相资，形自形，性自性，形性天人不相待而有，陷于浮屠以山河大地为见病之说。"（《张载集》，第8页）认为道家和佛教的误区，都是因为割裂了太虚与气的关系，把体用打为两截，这样本体与现象之间的逻辑关系则很难说得通了。张载以太虚即气，否定还另外有一个"无"的论述，极为明确清晰地建立了一个堪称典型的"气本论"哲学体系，如侯外庐等所说："在中国思想史上，把'气'引入本体论，古已有之，但建立一个以'气'为宇宙本体的宇宙观，张载却是首功。"[2] 从《易传》到汉唐哲学中的气论思想由此实现了完成形态。

张载以气本论解《易》，以《易》所言之"象"，其本质亦为气，其《正蒙·乾称》中谓：

> 凡可状，皆有也。凡有，皆象也。凡象，皆气也。气之性本虚而神，则神与性乃气所固有，此鬼神所以体物而不可遗也。（《张载集》，第63页）

气之无固定形态的性质谓之"虚"，气的运动变化莫测的状态谓之

---

[1] 张岱年：《中国哲学大纲》，江苏教育出版社2005年版，第73页。

[2] 侯外庐、邱汉生、张岂之主编：《宋明理学史》（上），人民出版社1997年版，第104页。

"神"，"虚"与"神"这类性质皆从属于气之下。《正蒙·神化》中
又言：

> 所谓气也者，非待其蒸郁凝聚，接于目而后知之；苟健、顺、
> 动、止、浩然、湛然之得言，皆可名之象尔。然则象若非气，指何
> 为象？时若非象，指何为时？（《张载集》，第 16 页）

此言气化流行，非可见之气体，森罗万象之迁变所表现出的"象"，
本身就是气的运动状态，如四时之寒暖之迁变，即阴阳二气之消长。这
显然是汉儒卦气说对张载气本论的启示。

《易传》本身即气论学说之萌蘖，然其中亦言"形而上者之谓道"，
此"道"与阴阳二气的关系如何，是汉晋诸儒争议的焦点，张载则解为
"气之生即是道即是易"，其《横渠易说·系辞上》注"形而上者之谓
道"之言谓：

> 凡不形以上者，皆谓之道，惟是有无相接与形不形处，知之为
> 难。须知气从此首，盖为气能一有无，无则气自然生，气之生即是
> 道是易。（《张载集》，第 207 页）

《易》以"生"为天地之大德，描述出一片生机的宇宙。张载以气之
未成形而物化为器物的气，就是道本身，并非由道生出气来。这样，所
谓之"有"与"无"就是气的未形与成形的区别，故"有"与"无"都
是形容气的存在状态，气包举有无。虽然万物生成坏灭的过程中，"有无
相接"也就是从气未成形到成形两种状态交接的环节，颇难理解，但气
的变化正是由此起始的。后来张载在《正蒙·乾称》中说："语其推行故
曰道，语其不测故曰神，语其生生故曰易，其实一物，指事而异名尔。"
（《张载集》，第 65—66 页）此所谓"一物"即气。气的迁流变化的状态称作
"道"，就其变化万千而神妙莫测而言叫作"神"；就其生生不息而无穷演
运的状态而言，叫作"易"。在张载看来，《周易》卦爻象之间蕴含的生
生变化之理，即对气化流行规律的总结和掌握，此即"一阴一阳之谓
道"。这就是张载通过对《周易》的诠释所构建的气本论哲学体系的主要

内容。

张载学说继承了汉唐易学气论的思想脉络，但又扬弃了其中好讲阴阳灾异的神秘主义成分。《宋史·道学传》中评价其学："尊礼贵德，乐天安命，以《易》为宗，以《中庸》为体，以孔孟为法，黜怪妄，辨鬼神。"其学颇具理性主义精神。张载之学重经世力行，其《西铭》中"民胞物与"的情怀传誉后世，"四句教"更成为士林格言。如吕思勉说："以规模阔大、制行坚卓论，有宋诸家，皆不及张子也。张子之言曰：'为天地立心，为生民立命，为往圣继绝学，为万世开太平。'此岂他人所能道哉？"①宋儒之学，濂洛关闽四家合称，张载所开启的"关学"一脉，气象格局之宏阔，在宋世诸儒中堪称异军，更非后世唯知拘拘辨析心性工夫者可及。后继其学者有明儒王廷相等，至明清之际，杰出思想家王夫之（船山）尤心折于张载，并为《正蒙》作注，他在《张子正蒙注序论》中称："张子言无非《易》，立天、立地、立人，反经研几，精义存神，以纲维三才，贞生而安死，则往圣之传，非张子其孰与归！呜呼！孟子之功不在禹下，张子之功又岂非疏瀹水之歧流，引万派而归墟，使斯人去昏垫而履平康之坦道哉！"又谓："张子之学，上承孔、孟之志，下救来兹之失，如皎日丽天，无幽不烛，圣人复起，未有能易焉者也。"②王船山之的儒学和易学接续关学思路，一反南宋以降儒林热衷说理谈心的玄辨之思，清代哲学的气论传统由此重兴。

二　牟宗三对宋明儒学"唯气论"一系独立性的否定

牟宗三在其阐释宋明儒学的代表作《心体与性体》（撰写于 1960 年代，出版于 1968—1969 年）中，对宋明儒学作出三系之判分：其一，从南宋胡五峰到晚明刘蕺山的"性体"系。此系上承周敦颐、张载，并由程颢之"一本义"开出（然北宋之时"尤未分系也"，三家之说为其前承），认为此系客观地讲性体，以《中庸》《易传》为主，主观地讲心

---

① 吕思勉：《理学纲要》，江西教育出版社 2018 年版，第 51 页。
② 王夫之：《张子正蒙注序论》，见《张子正蒙注》，中华书局 1956 年版，第 9—10 页。

体,以《论》《孟》为主。本体上"以心著性",于工夫论尚重"逆觉体证"。其二,从南宋陆象山到明代王阳明的"心体"系。认为此系以《论》《孟》摄《易》《庸》,而以《论》《孟》为主。重在讲一心之朗现,一心之伸展,一心之遍润,于工夫论上亦以"逆觉体证"为主。其三,从程颐到朱熹的"理体"系。认为此系以《中庸》《易传》与《大学》合,而以《大学》为主。于《中庸》《易传》所讲之道体、性体只收缩提炼而为一本体论的存有,即"只存有而不活动"之理,于孔子之仁亦只视为理,于孟子之本心则转为实然的心气之心,因此,于工夫论上特重后天之涵养以及格物致知之认知的横摄,其落实处全在格物致知。① 由此可见,牟宗三认定宋明儒之学说全然为心性哲学的流变与分化,其立足于"此心性之学,乃中国文化之神髓所在"② 这一新儒家群体的共识性看法,在他看来,儒释道三教都是"生命的学问","中国人'生命的学问'的中心就是心和性,因此可以称为心性之学"。③ 因此,他对宋明儒学的阐释过程中,并未给"气本论"留下位置,甚至认为宋明儒中就不存在"唯气"的学说,这在他对张载哲学体系的分析中已可见诸一斑。

牟宗三虽称颂张载是"关河之雄杰,儒家之法匠",但并不认同张载对"气"的偏重,认为张载"以气之絪缊说太和、说道,则著于气之意味太重,因而自然主义之意味亦太重,此所以易被人误解为唯气论也"④。并认为张载哲学体系中的本体并非"气",谓"横渠以天道性命相贯通为其思参造化之重点,此实正宗之儒家思理,决不可视之为唯气论者"⑤。进而,通过一番曲折的解释,牟氏以"太虚即气"中的"太虚"才是张

---

① 牟宗三:《心体与性体》(第一册),《牟宗三先生全集》(第五册),台北联经出版事业公司 2003 年版,第 52—53 页。

② 牟宗三、唐君毅、张君劢、徐复观:《为中国文化敬告世界人士宣言——我们对中国学术研究及中国文化与世界文化前途之共同认识》,见封祖盛编《当代新儒家》,生活·读书·新知三联书店 1989 年版,第 21 页。

③ 牟宗三:《中国哲学的特质》,上海古籍出版社 2007 年版,第 75 页。

④ 牟宗三:《心体与性体》(第一册),《牟宗三先生全集》(第五册),台北联经出版事业公司 2003 年版,第 459 页。

⑤ 牟宗三:《心体与性体》(第一册),《牟宗三先生全集》(第五册),台北联经出版事业公司 2003 年版,第 459—460 页。

载哲学的本体观念，以"太虚神体"为形而上之最高存在，故"气以太虚—清通之神—为体"①。从而得出结论："太虚固可以'清通之神'定，实亦可以'寂感真几'定，寂感真几即是寂感之神。总之，是指点一创造之真几、创造之实体（creative feeling, creative reality）。此真几实体本身是即寂即感、寂感一如的；总言之曰'神'亦可，神以妙用之义定；曰太虚亦可，太虚以'清通无迹'定。"② 此说解太虚为本体，与张岱年解太虚为空间之说异趣。然吾人细读《正蒙·太和》之文本，张载有"气之聚散于太虚"一语，可见太虚当为场所，又谓此"犹冰凝释于水"，意思十分明白，冰与水本为同一物存在的不同样态，自不能解为水为"形上"而冰为"形下"——牟氏持论之理据，在《正蒙·太和》"太虚无形，气之本体，其聚其散，变化之客形尔"等语，故其谓："'虚空即气'是根据'太虚无形，气之本体'而来，而'太虚无形'则是根据'清通而不可象焉神'而来，是则太虚、虚空、虚无，即清通不可象之神也。"③ 故牟宗三反对将张载所说的"太和"之下"分解为气与神"④。然此说显与《正蒙》文本有所抵牾，《正蒙·乾称》："气之性本虚而神，则神与性乃气所固有，此鬼神所以体物而不可遗也。"显然将"虚"与"神"这类性质皆从属于气之下。所谓"太虚无形，气之本体"者，当谓茫茫太虚，即气的本来存在样态，非离气别有一本体也，故张载言"太虚即气"。李存山曾全面辨析过牟宗三对张载哲学的解读，得出结论认为："就'太虚'、'神'与'阴阳'的关系而言，无论在《易说》还是在《正蒙》中都没有确切的史料可以证明'太虚'、'神'超越了'阴阳'或'太极元气'。"⑤ 这一看法是公允的。

牟氏坚持以"太虚"为本体，这样如何解读"太虚即气"之语，便

---

① 牟宗三：《心体与性体》（第一册），《牟宗三先生全集》（第五册），台北联经出版事业公司2003年版，第466页。

② 牟宗三：《心体与性体》（第一册），《牟宗三先生全集》（第五册），台北联经出版事业公司2003年版，第467页。

③ 牟宗三：《心体与性体》（第一册），《牟宗三先生全集》（第五册），台北联经出版事业公司2003年版，第445页。

④ 牟宗三：《心体与性体》（第一册），《牟宗三先生全集》（第五册），台北联经出版事业公司2003年版，第459页。

⑤ 李存山：《"先识造化"——张载的气本论哲学》，《中国哲学史》2009年第2期。

成了他必须解决的问题，对此，他利用了他所擅长的佛教天台宗的"圆教"说的解经方式，认为此"即"不能理解为"是"，认为："是以此'即'字是圆融之'即'，不离之'即'，'通一无二'之即，非等同之即，亦非谓词之即。显然神体不等同于气。就'不等同'言，亦言神不即是气。此'不即'乃'不等'义。"① 简单言之，他认为"太虚即气"即"太虚不离于气"的意思。平心论之，此说的吊诡与勉强之处，相当明显。故牟氏乃至认定古今诸家皆误解张载之意："当时有二程之误解，稍后有朱子之起误解，而近人误解为唯气论，然细会其意，并衡诸儒家天道性命之至论，横渠决非唯气论，亦非误以形而下为形而上者。"② 为独张己说，乃至断言与张载同时代的二程都理解错了，持论毋宁太过。

牟宗三何以为了否定"气论"一系在宋明儒学中的独立存在，而坚持对张载学说作此牵合与生硬之解读？恐怕无非是要凸显"唯心论"的绝对独立性，这结合与他同时代的张岱年所著《中国哲学大纲》中有关气论哲学的论述，可以得到一些启示。《中国哲学大纲》中的使用的概念体系，若以张载哲学为"唯气论"，以陆王一系学说为"唯心论"等（此"唯心论"又恰恰是牟宗三所坚持的哲学立场），多亦牟宗三的《心体与性体》诸书中所惯用，二家之持论则全然异路，而《中国哲学大纲》成书又更早，对读这两种著作，吾人若以牟氏著书过程中隐隐以张岱年之说为论敌，恐非无因之论。

三 张岱年对中国古典气论哲学的
唯物主义思想特质的探讨

根据张岱年先生自述，其《中国哲学大纲》于 1935 年开始撰写，1937 年完成初稿，1943 年曾在北平私立中国大学印为讲义，1958 年由商务印书馆正式出版。张岱年著中将宋明儒有关宇宙本根问题探讨的思想

---

① 牟宗三：《心体与性体》（第一册），《牟宗三先生全集》（第五册），台北联经出版事业公司 2003 年版，第 481—482 页。

② 牟宗三：《心体与性体》（第一册），《牟宗三先生全集》（第五册），台北联经出版事业公司 2003 年版，第 493 页。

脉络分为三个基本类型，即气论、理气论、唯心论，其中理气论上承先秦道家之道气二元论，由北宋二程开其先，并由南宋朱熹集其大成；唯心论即"主观唯心论"，张岱年认为其在中国的正式形成当与佛教的"万法唯识"的观念的输入有关，在儒家中由南宋陆九渊及其弟子杨简开其端绪，并由明代王守仁集其大成。至于"气论"一系，张岱年的梳理用力最深，分两节述之，此说渊源自先秦秦汉之诸家思想，由北宋张载集大成而成"唯气论"（或称"气本论"），并由明清之际的王夫之承其学而有所拓进，清代以来又有颜李学派、戴震诸家扬其辉光。① "唯气论"一系近于西方唯物论思想的这一看法，张岱年在其 1936 年所撰《哲学上一个可能的综合》一文中已有扼要的勾勒，其文谓：

> 唯物论在西洋哲学中即不曾有充分的发展，在中国哲学中，乃更不盛；但也有其传统。最早的有唯物倾向的哲学家，当推惠施他最注重物的研讨，不以主宰的天及玄秘的道来解说宇宙，而以"大一""小一"来说明一切。其次唯物的倾向最显著的是荀子，荀子只承认一个自然的物质的天。而《易传》的思想也颇有唯物的倾向，故说乾阳物，坤阴物，乾坤只是二物，而其所谓太极，不过究竟原始的意思，也没有理的或心的意谓。宋以后哲学中，唯物论表现为唯气论，唯气论成立于张横渠，认为一切皆气之变，太虚也是气，而理亦在气之内，心也是由内外之气而成。唯气论其实即是唯物论，西文唯物论原字，乃是唯质或唯料的意思，乃谓质料为基本，而气即是质料的意思，所以唯物论译作唯气论，亦无不可。张子的唯气论并无多大势力，继起的理气论与唯心论，都较唯气论为盛。到清代，唯气论的潮流乃一发而不可遏，王船山、颜习斋先后不相谋的都讲唯气。王船山由唯气进而讲唯器，器即物的意思。颜习斋更讲知不能离物，都是彻底的唯物思想。习斋以后有戴东原，讲气化流行，理在事物的宇宙论，理欲合一的人生论，皆唯物思想。②

① 张岱年：《中国哲学大纲》，江苏教育出版社 2005 年版，第 24 页。
② 张岱年：《哲学上一个可能的综合》，《张岱年全集》（第一卷），河北人民出版社 1996 年版，第 271—272 页。

此明确指出，"唯气论"思想的蓬勃兴起主要在清代。张岱年先生更认为："今日中国的新哲学，必与过去中国哲学有相当的继承关系。我们所需要的新哲学，不只是从西洋的最新潮流发出的，更须是从中国本来的传统中生出的。本来的传统中，假如有好的倾向、则发展这好的倾向，乃是应当。"① 这一"好的倾向"，其所指即唯气论这一传统走向，张岱年谓："中国近三百年来……有创造贡献的哲学家，都是倾向于唯物的。这三百年中最伟大卓越的思想家，是王船山、颜习斋、戴东原。在宇宙论都讲唯气或唯器；在知识论及方法论，都重经验及知识之物的基础；在人生论，都讲践形、有为。所谓践形，即充分发展人的形体，这种观念是注重动、生、人本的。我们可以说，这三百年来的哲学思想，实以唯物为主潮。"

故张岱年明确提出自己的哲学态度："现代中国治哲学者、应继续王、颜、戴未竟之绪而更加扩展。王、颜、戴的哲学，都不甚成熟，但他们所走的道路是很对的，新的中国哲学，应顺着这三百年来的趋向而前进。"②

张岱年先生所寄望的中国哲学的未来方向，即延续气学传统的唯物论的发展，更具体地说，实指马克思唯物主义（张岱年称之为"新唯物论"）于中国的植根和生长。他认为，"今后哲学之一个新路，当是将唯物、理想、解析，综合于一"，而"唯物与理想之综合，可以说实开始于马克思、恩格斯的新唯物论"。③

要之，张岱年视由张载开启，并在清代以来勃兴的气论哲学传统，为接引马克思主义输入中国的思想底蕴。在 20 世纪 30 年代，张岱年倾向于马克思"新唯物论"的哲学立场已经相当明确，其在 1935 年发表的《论现在中国所需要的哲学》中强调，未来新的中国哲学创造，在内容上必须具备四个特征：其一，在一意谓上是唯物的；其二，在一意

---

① 张岱年：《哲学上一个可能的综合》，《张岱年全集》（第一卷），河北人民出版社 1996 年版，第 271 页。

② 张岱年：《哲学上一个可能的综合》，《张岱年全集》（第一卷），河北人民出版社 1996 年版，第 273 页。

③ 张岱年：《哲学上一个可能的综合》，《张岱年全集》（第一卷），河北人民出版社 1996 年版，第 262 页。

谓上是理想的；其三，是对理的；其四，是批评的。① 他晚年曾回忆说："我自己当时的哲学见解，较集中地体现于《论现在中国所需要的哲学》一文……30 年代以来，我一直关心中国哲学的前途问题，考虑中国哲学复兴的道路。……《论现在中国所需要的哲学》这一篇，提出了我对于未来中国哲学的见解。"② 其所指向，亦即马克思主义哲学。

通过对张岱年先生的这一思路的爬梳，牟宗三何以坚决不承认气论哲学一系的存在，其深层原因也就呼之欲出了。——张岱年判张载哲学是"唯气论"，牟宗三则说对于张载"决不可视之为唯气论者"；张岱年称陆王一系心学是"唯心论"，而这种"唯心论"又恰恰是牟宗三最为认同的哲学立场。1933 年张岱年发表了《中国元学之基本立场——"本根"概念之解析》，文中称："今所谓本体，古谓之'本根'，或'元'。"③"元学"这一概念，虽未必是张岱年首倡，但于"中国元学"之概念界定，就笔者所见，或当即自张岱年始。而牟宗三 1935 年出版的《从周易方面研究中国之元学及道德哲学》中亦称"元学"，此"元学"之意涵，亦与张氏所阐者基本符契。凡此种种，当不能简单以巧合视之。

根据张岱年自述，他在 1932 年开始已与牟宗三之师熊十力先生有交往："我与熊十力先生相识，在 1932 年。当时我在《大公报》的《世界思潮》副刊上发表了几篇文章。熊先生对吾兄申府说，我想和你弟弟谈谈，于是我即到熊先生寓所拜访。其后熊先生在京时，我大约每半年访问他一次。主要谈些有关佛学和宋明理学的问题。"④ 而张岱年乃兄张申府先生也是牟宗三的老师，由此可见，牟氏在青年时代自应早已与张岱年相识，二人系同龄，而彼时张岱年先生已然在哲学界有了一定名气，

---

① 张岱年：《论现在中国所需要的哲学》，见《张岱年全集》（第一卷），河北人民出版社 1996 年版，第 240 页。

② 张岱年：《张岱年学述》，浙江人民出版社 1999 年版，第 38—39 页。

③ 张岱年：《中国元学之基本立场——"本根"概念之解析》，见《张岱年全集》（第一卷），河北人民出版社 1996 年版，第 167 页。

④ 张岱年：《忆熊十力先生》，见《张岱年全集》（第八卷），河北人民出版社 1996 年版，第 451 页。

牟氏毕生不满于马克思主义哲学观点，其于张氏之哲学取向，在当时已有所了解乃至逐渐发生质疑，自是顺理成章的情况。

1949 年以后，张岱年先生对于气本论思想的阐释继有深入，就对张载哲学的研究而言，1955 年张岱年发表《张横渠的哲学》，1956 年又出版《张载——十一世纪中国唯物主义哲学家》，以马克思主义唯物论为方法立场，全面梳理了张载的气化宇宙论、辩证观念、认识论、伦理学说、政治思想。张岱年的看法在当年虽亦引起了一些争议和讨论，但认定中国古代的气论哲学大体或部分接近于唯物论的看法，渐被主流的哲学和思想史学界接受。就彼时最具代表性的学术作品而论，1959年出版的侯外庐主编的《中国思想通史》第四卷上册"关学学风与张载的哲学思想"一节中称："从'气'的唯物主义的命题出发，张载把宇宙的全部时间进程形容为'气'的不断的聚散"，认为这些内容"无疑是张载思想中进步的因素"，尽管"还存在更多的唯心主义的、神秘主义的成分，是张载没有摆脱的"。① 1963 年任继愈主编的《中国哲学史》第三册"张载的元气本体论思想"一章中称："张载的哲学体系是唯物主义的，但其中也包含着不少唯心主义观点。他的元气本体论哲学得到明、清的进步思想家的继承和发展；他的哲学中人性论和宗教神秘主义部分，也曾受到宋、明的一些唯心主义学派的表扬，甚至有些本来是以元气本体论为基础的观点，也曾被后来的一些思想家加以歪曲。"②

由此可见，至少在 20 世纪 80 年代以前，以张岱年先生为代表的，视中国古典气论哲学是"唯物"的、较为"进步"的传统思想遗产，并以之为接引马克思唯物论输入中国的"内因"，为彼时内地学界之主流意见。而就牟宗三而言，他从不讳言自己"讨厌马克思"③，无论是从他自身的思想取向，还是基于在现实中的所处环境，都决定了他将与这一观点持截然相反的对立立场。

---

① 侯外庐主编：《中国思想通史》第四卷上册，人民出版社 2011 年版，第 494—497 页。

② 任继愈主编：《中国哲学史》（三），人民出版社 2010 年版，第 202 页。

③ 牟宗三：《客观的了解与中国文化之再造》，《牟宗三先生全集》（第二十七册），台北联经出版事业公司 2003 年版，第 433 页。

四 牟宗三否定清代学术思想价值及 提倡"唯心论"的文化立场

张岱年先生论定清代学术中的主流哲学思想，即王夫之、颜元、戴震等人的学说皆接续了中国古典气论哲学而"实以唯物为主潮"。而牟宗三在20世纪60年代以后则全然不承认清学的任何义理学价值，乃至常在不同著作、不同场合予以激烈批判，这与牟宗三对古典气论哲学的否定本身思路是连续一贯的。而且，牟宗三对清学进行批判时，总是将"清代学术—五四新文化运动—马克思主义传入中国"这三个思想史环节作为有内在必然联系的逻辑来进行叙述。如他在其晚年的1989年一次学术发言中说：

> 乾嘉时代的学风是考据，它支配中国学术直到清末，余风至今未息，从那时起，中国的学问传统就断了。即使如梁任公这样博学，号称近代思想家的人，竟然对中国文化发展的脉络丝毫不清楚，他把乾嘉年间的学风看成中国的"文艺复兴"，这简直是违背常识，荒谬到极点。可见中国知识分子到清末已经没有思路了，不知道如何表现观念。我常感慨在清末民初之际，正是民族危急存亡之秋，而知识分子却拿不出办法，不能思考，没有理路，不会表现观念。"没有观念就没有生命"（no idea the refore no life）我这句话就是对这时代而发。中国人本来很聪明，很有智慧，文化累积那么深厚，为什么会落到如此地步呢？因为民族生命受挫折，文化生命受歪曲，学术传统断了，时代挑战一来，便只能以世俗浮浅的聪明去反应，衷心无主，东西跳梁，到最后就是出现。……这样的学问怎能歌颂它是"文艺复兴"呢？一直到现在，知识分子还不能痛彻反省，还站在清人的立场批评王学、骂宋明理学，中国文化之根到哪里去找呢？①

---

① 牟宗三：《"阳明学学术讨论会"引言》，《牟宗三先生全集》（第二十七册），台北联经出版事业公司2003年版，第410—411页。

后文还言道，"'老总统'（引者按：指蒋介石）当年在阳明山提倡王学，其用意是对的"，并谓"阳明学既然因明朝亡国而断绝了，虽有国民党的提倡，还是'若即若离'"，① 认为未来中华文化的发展方向，应该是以陆王心学为重心的"唯心论"的复兴。

就对清代学术的判定而言，梁启超、胡适等视清代考据学方法之为五四新文化时期"赛先生"，也就是"科学精神"的本土文化资源；而张岱年等倾向于马克思主义的哲学家们则又将清儒的"气本论"思想视为晚近"新唯物论"勃兴之先军。无论是"新文化运动"，还是"新唯物论"，都是牟宗三极为抵触和明确反对的学说思潮。故他在 1992 年的一次谈话中断言："将来支配中国命运的是彻底的唯心论。"② 并阐述了他理想中的"中国的唯心论系统"：

> 中国有唯心论，没有 idealism。中国人所说的心，不是 idea。孟子所说的良知良能是心，四端之心是心。陆象山言："宇宙便是吾心，吾心便是宇宙。"是宇宙心，其根据在孟子。王阳明讲良知，还是心。佛教讲如来藏自性清净心，也是心，不是 idea。如来藏自性清净心前一个系统是唯识宗，唯识宗讲阿赖耶，阿赖耶识心，也是心，不是 idea。所以，只有中国才有真正的唯心哲学。什么叫做彻底的唯心论呢？就是中国唯心哲学这一个大系。③

并提出，这种唯心论"以哲学系统讲，我们最好用康德哲学作桥梁，吸收西方文化以重铸中国哲学，把中国的义理撑起来，康德是最好的媒介"④。这也是他一贯的哲学立场，即以康德哲学为参照，融合陆王心学、佛教天台宗的"圆教"思想，以及《大乘起信论》的"一心开二门"观

---

① 牟宗三：《"阳明学学术讨论会"引言》，《牟宗三先生全集》（第二十七册），台北联经出版事业公司 2003 年版，第 412—414 页。

② 牟宗三：《鹅湖之会——中国文化发展中的大综合与中西传统的融会》，《牟宗三先生全集》（第二十七册），台北联经出版事业公司 2003 年版，第 448 页。

③ 牟宗三：《鹅湖之会——中国文化发展中的大综合与中西传统的融会》，《牟宗三先生全集》（第二十七册），台北联经出版事业公司 2003 年版，第 455 页。

④ 牟宗三：《鹅湖之会——中国文化发展中的大综合与中西传统的融会》，《牟宗三先生全集》（第二十七册），台北联经出版事业公司 2003 年版，第 456 页。

念于一炉，即其所谓"中国的唯心论系统"。

虽然这一哲学立场基于他平生的思想取向而提出，但其持论却又明确置于与"唯物论"对立的语境之上。他判定，当时"'彻底的唯物论'的彻底失败，没有人相信马克思"，故"延安的彻底的唯物论表现过了，表现的结果是彻底失败。将来中华民族的方向、历史运会的方向必然是彻底的唯心论，必然是一个大综和。这就是说，新儒家的兴起有历史运会上的必然性，你要担当这个必然性。中华民族要担当这个必然性"。① 这已绝非纯然学理性的讨论，已然涉及了文化意识形态取向层面的对立心态了。

由此，牟宗三何以不承认"气本论"哲学的独立性，以及为何改变了早年在《从周易方面研究中国之元学及道德哲学》中的看法，转而激烈否定清代学术思想的客观价值，已然可以得到明确的答案。

五 结语

牟宗三在《心体与性体》中提出的宋明儒学之三系说，在学界历来见仁见智，杜维明曾指出："牟先生的清理给了我们一个脉络，而这个脉络的好处就是使我们能够了解牟先生对于整个宋明儒学的解读，以及他的思想的创发性，这一点非常好，也并非所有的人都能做得到的。但是人们如果把它看成是客观了解宋明儒学的一种模式、一种定说，或者把它看作是宋明的大思想家的一种自我认识，比如说宗周他们的自我认识，这里面问题就太多，纠缠也太多……他的解释模式和思想的创发性并不是从历史传承的角度，而是从理论形态的相似性和义理的内在逻辑性中表现出来的，但是如果我们用那个模式来套宋明儒学，那问题就会变得非常复杂，思想史上几乎比较熟悉宋明一段的人都觉得这种划分问题比较多。"② 这一看法堪称公允。换言之，牟宗三对哲学史的研究，毋宁说

① 牟宗三：《鹅湖之会——中国文化发展中的大综合与中西传统的融会》，《牟宗三先生全集》（第二十七册），台北联经出版事业公司2003年版，第450—451页。
② 杜维明、东方朔：《杜维明学术专题访谈录——宗周哲学之精神与儒家文化之未来》，复旦大学出版社2001年版，第186页。

更多存有"借他人酒杯，浇自己块垒"的倾向，惯于在对历史的叙述中投射和阐述自己的哲学思想，并非一种客观中立者的言说方式。所以，他对宋明儒学的诠释一向有甚多争议，诸如判朱熹之学为"别子为宗"而并非儒门正统之说，便是如此；其对张载哲学的解读，亦属此种情况。即使一向尊重牟氏的台湾地区学者杨儒宾近年亦强调，宋明儒学之三系，程朱言"性体"，陆王言"心体"，张载之气本论为"道体"，指的是"以气化之道作为本体的展现的学说"，以张载、方以智、王夫之等代表道体论一系，"可视为理学的第三系"①，此说显然更近于张岱年先生的观点，亦较为切合实情。

　　深受汉唐气论哲学影响的，并由张载开启的宋明儒之"气本论"一系思想，是否乃至多大程度上近于西方唯物论，以及用这种"格义"的方式诠释中国古典气论哲学是否合理，当然是可以讨论乃至商榷的。牟宗三本人偏好"唯心论"的哲学立场，我们虽然难以接受，亦可尽量结合彼时的历史语境来给予一定"了解之同情"。但是，若以此否定中国哲学史上气本论哲学的客观存在，乃至由此全然否定清代义理学思想的客观存在以及价值意义，则是违背历史主义的客观性的。我们虽无意亦不可能否定牟宗三先生自身哲学体系的原创性价值，但他出于主观文化立场对气本论哲学和清代义理学所作出的判断，实在有失公允。就此而言，近三十年来学界关于"清代新义理学"存在与否的问题，实在是一个伪命题，而且，这一问题争议的形成，一开始就陷入了类乎"一切历史都是当代史"的立场先行的诠释误区之中。——任何学术体系达到了一定高度之后，都不可能忽视或回避形而上的问题，统贯天人的超越性追求，实为中国传统一切学问的精神底蕴，在清学中当然亦莫之能外。

---

　　①　杨儒宾：《继成的人性论：道体论的论点》，《中国文化》2019 年第 2 期。

《中国思想史研究》征稿启事

《中国思想史研究》是由西北大学中国思想文化研究所主办、谢阳举教授主编的连续性学术集刊，AMI（集刊）入库集刊，一年两期，由中国社会科学出版社出版发行。

《中国思想史研究》致力于推动中国思想文化史的精深研究，促进中国史学科的繁荣发展，分设侯外庐学术思想研究、古代思想史、宗教思想史、比较思想史、思想史研究理论与方法、思想史动态、书评等专栏，向海内外学术界公开征集相关稿件。

1. 力求及时反映中国经学思想史及其相关领域前沿成果。译稿需译者自行解决版权问题。

2. 论文篇幅一般请控制在 1500 字到 20000 字，书评原则上不超过 5000 字。

3. 论文务请遵守通行学术规范。

4. 论文撰写格式要求如下：（1）正文采用 Word 格式编辑，宋体，5号字。（2）需中英文标题。（3）需附 300 字左右中英文摘要及关键词。（4）中文古籍引文采用文中夹注形式，需注明典籍名称、卷次或篇名。（5）中外研究或参考性著作引文，采用当页页下注形式，每页注释以阿拉伯数字为序重新编号，注录次第为著（编）者、译者、名称、出版地（后缀冒号）、出版社、年份、页码。（6）论文按照作者、论文名称、期刊名称、年份、期次、页码的顺序注明。

5. 请附作者简介（姓名、学历、职称、职务、联系电话和通信地址）。

6. 为保证学术质量，论文均需通过西北大学中国思想文化研究所学术委员会或委托专家进行审阅。稿件录用与否将及时告知作者。稿件一经刊出，即付薄酬。

7. 来稿请寄《中国思想史研究》编辑部。投稿邮箱：zgsxsyj@
126. com；通信地址：西安市长安区学府大道 1 号西北大学中国思想文化
研究所（邮编：710127）；电话：029 - 88302849、88305298。

《中国思想史研究》编辑部

2023 年 6 月